청소년을 위한 트라우마 워크북

The Trauma And Adversity Workbook For Teens
Copyright © 2023 by Gina M. Biegel and Stacie Cooper
Instant Help Books.

An imprint of New Harbinger Publications, Inc.
5720 Shattuck Avenue Oakland, CA 94609. www. Newharbinger.com

Korean translation copyright © 2024 Hana Medical Publishing Co.
This Korean edition was published by arrangement with newharbingerpublications, inc.
through Agency-One, Seoul.

THE TRAUMA and ADVERSITY WORKBOOK for TEENS

청소년을 위한 트라우마 워크북

지나 M. 비겔, 스테이시 쿠퍼 지음 | 나의현, 전봉희, 전유진 옮김

오랫동안 쌓여온 독성 스트레스를 극복하고
그로부터 회복하는 마음챙김 기반 기술 안내서

하나醫學社

수많은 가능성을 지닌 모든 아동과 청소년,
양육자로서, 치료자로서, 이웃으로서 아이들을 돌보는 모든 어른,
어린 시절 역경과 트라우마의 흔적을 치열하고 담담하게 헤쳐나가는 모든 삶이
마음챙김과 함께 언제나 안전하고, 자유롭고, 행복하기를 바랍니다.

- 역자 일동

이 책에 쏟아진 찬사

“지나 비겔은 청소년이 스트레스를 관리하고 회복탄력성과 안녕감을 키우도록 돕는 세계적인 전문가 중 한 명이다. 이 멋진 워크북에서 비겔은 자신의 개인적인 이야기와 함께 경이로운 관심과 따뜻한 마음을 통해 매우 실용적인 도구 상자를 선사한다. 강력히 추천한다!”

- 릭 핸슨

『Making Great Relationships』 저자

“지나 비겔과 스테이시 쿠퍼는 삶에서 중대한 역경을 경험한 모든 청소년을 위한 지혜롭고 배려 넘치는 유용한 안내서를 만들어 냈다. 트라우마를 이해하는 최신 방식과 트라우마로 인해 생길 수 있는 마음의 위협 상태에 대한 명확한 설명으로 가득 찬 이 귀중한 워크북은 청소년 독자 스스로 잘 대처할 수 있는 능력을 강조하며, 그들의 압도되는 경험과 일상에 어둠을 드리우는 끈질긴 그림자를 확인하도록 도와준다. 이해는 되지만 역경을 다루는 데 도움은 되지 않는 방식들을 알아차리는 명확한 단계 다음에는 인생을 긍정하는 성장 기술을 구축하는 실용적인 도구가 뒤따른다. 트라우마에 시달리는 삶에서, 강인함과 기쁨을 지닌 채 자유롭고 온전히 살아가는 삶으로 나아가기 위한 희망과 치유를 이 멋진 매뉴얼을 통해 얼마든지 얻을 수 있을 것이다.”

- 대니얼 J. 시겔

UCLA 의과대학 임상 교수, Mindsight Institute 상임이사

뉴욕타임스 베스트셀러 『Brainstorm』, 『IntraConnected』 저자

“인생의 탐험과 항해는 때로는 어렵고 도전이 되는데, 특히 청소년기에는 더욱 그렇다. 내가 청소년이었을 때도 이 책이 자원으로 있었다면 좋았겠지만, 오늘날이라도 이 도구를 활용할 수 있음에 기쁘다. 이 책은 실용적이고 탐색하기 쉬우며, 위기와 성찰이 함께하는 순간에 즉시 적용할 수 있다. 뿐만 아니라 그림과 연습, 한입에 쏙 들어갈 분량으로 구성되어 있어 큰 개념을 단순화하고

덜 부담스럽게 만든다. 휴대용 트라우마 도구 상자라고 할 수 있다. 한 사람의 부모로서 청소년과 함께하는 모두에게 이 귀중한 자원 해설서를 추천한다. 삶의 초기 발생한 트라우마와 역경을 헤쳐나갈 방법을 배운 아이는 인생의 모든 10년마다 미래를 더욱 원활하게 탐험할 수 있을 것이기 때문이다."

- 셸리 티기엘스키

Pandemic of Love 설립자

『Sit Down to Rise Up』 저자

"아름답고 연결된 에너지가 워크북 각 페이지 사이에 깃들어 있어, 청소년 독자가 이해받고 지지받는다고 느끼게 해 주며 자신의 인생 여정에서 혼자가 아니란 사실을 기억하게 해 준다. 비겔과 쿠퍼는 지혜롭고 사랑스러운 손위 형제가 소중한 조언을 해 주듯 진정으로 보호하며 힘을 실어주는 방식으로 실용적으로 적용할 수 있는 지식을 공유한다."

- 샤론 샐즈버그

『Lovingkindness and Real Life』 저자

"개인의 성장과 회복에 힘을 실어주는 강력한 안내서이다. 지나 비겔은 자기 조절, 자기 인식, 자기 성장에 유용한 많은 도구와 함께 분명한 경로를 제시한다."

- 크리스토퍼 윌라드

하버드대학 의과대학 교수

『Alphabreaths』 저자

"지나 비겔과 10년 가까이 교류하는 동안 그녀의 저서는 내가 만나는 환자들을 돕는 자원이 되어 주었다. 지나 비겔은 청소년들이 자신의 경험, 감정, 욕구가 행동에 미치는 영향을 이해하도록 가르치는 한편, 그들이 세상에 대응하는 방식에 있어 마음챙김하며 의도를 지닌 채 행동할 수 있도록 힘을 실어주는 데 헌신해 왔다. 이 워크북은 다년간의 연구와 경험에 영감을 받은 지극히 독자적인 작품으로, 스테이시 쿠퍼의 지식이 더해져 더욱 풍성해졌다. 청소년들이 역경을 인정하고, 탐색하며, 그를 통해 성장할 수 있도록 섬세하게 지도한다. 이 워크북을 나와 함께 작업하는 청소년들의 핵심 자원에 추가할 것이다."

- 대니얼 에미나

소아청소년 및 성인 정신과 전문의, Amen Clinics Inc. 의학 부국장

『The Suicide Solution』 공동저자

"청소년과 트라우마에 대한 수십 년에 걸친 지나 비겔의 노고가 이 훌륭한 워크북의 혁신적인 구성과 지혜로운 내용에 반영되어 있다. 이 책은 아동기 부정적 경험을 치유하고, 끊임없이 변화하는 복잡한 세상을 성공적으로 헤쳐나가는 데 도움이 되는 지혜와 사랑이 담긴 실용적인 도구를 접할 수 있는 청소년을 위한, 청소년에 관한 워크북이다."

– 수잔 카이저 그린랜드

『Mindful Games』, 『The Mindful Child』, 『The Inner Kids Model』 저자

"지나 비겔과 스테이시 쿠퍼는 청소년 및 그들과 작업하는 정신건강 전문가들에게 훌륭한 자원이다. 『청소년을 위한 트라우마 워크북』은 그들의 최고 역작으로, 트라우마와 그것이 우리의 일상에 미치는 영향에 관한 이해하기 쉬운 설명과 청소년이 스스로 배우거나 치료자와 함께 연습할 수 있는 근거 기반 도구가 한데 존재한다. 내 책장에 들이고 다른 이들과 나눌 순간을 기대하고 있다."

– 수잔 파멜리

청소년과 가족의 정신건강을 지원하는 Wellness & Prevention Center의 창립자이자 상임이사

"장기간 쌓여온 독성 스트레스와 역경을 겪어내고 있는 청소년들을 위해 실용적이고 명료하게 쓰인 이 워크북을 펴낸 지나 비겔과 스테이시 쿠퍼에게 감사를 전한다. 청소년들이 맞닥뜨리는 정신건강 관련 도전들이 급격하게 증가하는 것을 목격할 수밖에 없는 이 시기에, 청소년에게 힘을 실어주고 도움이 되는 이 안내서는 하마터면 너무 늦게 나온 것이 될 뻔했다. 트라우마와 독성 스트레스에 대한 귀중한 정보가 독자에게 이해하기 쉽게 제공될 뿐만 아니라, 역경에 관한 청소년 자신의 경험에 대한 인식과 통찰을 증진하는 포괄적이고 사회적인 부정적 청소년기 경험에 관한 도구, 그리고 참여 위주의 실습과 활동이 담겨 있다. 호기심과 따뜻한 마음가짐을 권고하는 이 워크북은 독자가 안전, 적응적 대처 방식, 자기연민, 치유, 성장, 회복탄력성을 촉진하는 자신만의 기술 도구 상자를 개발하도록 도와주는 풍부한 자원이다."

– M. 리 프리드먼

소아청소년 및 가족 대상 정신과 전문의

『The Mindful Teen Workbook』 공동저자

다섯 살의 지나 M. 비겔에게
- 지나 비겔

나에게 힘을 실어주었던, 나의 삶 속 강인한 여성 모두에게
- 스테이시 쿠퍼

이 책을 세심하게 검토하고 유용한 피드백을 주었던 대니얼 시겔에게
이 지면을 빌어 진심으로 감사의 말을 전합니다.

목차

3단원 역경 헤쳐나가기: 마음챙김 기반 기술로 스스로 자원 확보하기

스트레스 대처 및 관리에 도움이 되는 정서적 응급처치

4단원 방향을 바꿔 다시 시작하기: 역경을 딛고 성장하기

살아남기에서 잘 살아가기로: 건강과 희망으로 향하는 길 열기

추천의 글

심민영 국가트라우마센터장

지나 M. 비겔과 스테이시 쿠퍼의 협력으로 탄생한 『청소년을 위한 트라우마 워크북』은 역경과 고통을 겪는 청소년들에게 중요한 도구가 되어 줄 책입니다. 두 저자의 풍부한 경험과 전문 지식을 바탕으로, 이 책은 마음챙김을 통해 고통을 극복하고 성장할 수 있는 방법을 체계적으로 제시합니다.

이 책은 고통스러운 경험을 인정하고 받아들이면서도, 치유하며 성장하는 데 필요한 도구와 기술을 소개합니다. '오랫동안 쌓여온 독성 스트레스를 극복하고, 그로부터 회복하는 마음챙김 기반 기술'이라는 부제에서 알 수 있듯이 마음챙김을 기반으로 하는 유용한 활동과 도구들을 담고 있습니다. 각 장은 현재의 감정을 이해하고 받아들이는 방법부터 시작해, 건강하고 긍정적인 변화를 이끌어내기 위한 실질적인 활동들로 구성되어 있습니다.

자기 돌봄의 중요성을 강조하며, 구체적이고 실천적인 내용을 소개하는데, '건강하고 안전한 대처 기술 100가지'는 브레인스토밍을 통해 도출할 수 있는 거의 모든 대처기술을 담고 있습니다. '자기 돌봄 응급 배낭'은 독자들이 고통스러운 순간에도 자신의 감정과 정신적 안정을 지킬 수 있는 구체적인 방법을 제공하여, 실생활에서 즉시 활용할 수 있습니다. 뿐만 아니라 '자기 돌봄 응급 배낭'을 앞주머니와 안쪽의 공간으로 구분하여 자기 돌봄 활동과 도구를 담게 함으로써 위기의 순간과 평상시 모두 자기 돌봄을 실천할 수 있도록 치밀하게 행동을 촉구합니다.

이 책의 강점은 비단 청소년에게만 국한되지 않습니다. '우리는 자신의 과거보다, 트라우마나 불행보다 더 큰 존재'라는 것을 믿고 상처와 고통을 넘어서 새로운 시작을 원하는 모든 이들에게 의미있는 지침서가 될 것입니다.

비겔과 쿠퍼의 전문성과 열정이 담긴 이 책은 청소년들이 과거의 고통과 트라우마를 극복하고 더 나은 자신을 만들어가도록 도와줍니다. 역경 속에서 성장하고 변화할 수 있는 기회를 제공하는 이 책은 모든 청소년과 그들을 돕고자 하는 부모, 교사, 상담사들에게 강력히 추천합니다. 또한, 성인 독자들 역시 이 책을 통해 과거의 상처를 치유하고, 현재와 미래를 향해 나아가길 바랍니다.

추천의 글

이강욱 대한명상의학회장, 강원의대 정신건강의학과 교수

한국 청소년이 스트레스와 트라우마로 인해 겪는 어려움은 매우 심각합니다. 최근 통계 자료에 따르면 한국 청소년의 10명 중 4명이 일상에서 심한 스트레스를 호소하고 있고, 10명 중 3명은 2주 이상 일상생활에 지장이 있을 정도로 심한 우울감을 경험하고 있습니다. 이는 한국 청소년들이 자신의 가장 중요한 발달 시점에 심각한 위기를 겪고 있음을 의미합니다. 우리의 미래인 청소년들이 이러한 역경을 슬기롭게 헤쳐나가지 못한다면 우리 사회 전체의 위기로 이어질 것입니다.

이러한 시점에 청소년이 스트레스와 역경을 넘어 성장하는 삶을 추구할 수 있도록 도울 수 있는 책이 한국어로 번역되어 출판된 것은 매우 환영할 만한 일입니다. 『청소년을 위한 트라우마 워크북』은 그들이 직면한 어려움을 이해하고, 이를 극복할 수 있는 구체적이고 실용적인 방법을 제시합니다. 이 책은 단순히 이론적인 지식을 제공하는 것을 넘어, 실제로 적용할 수 있는 다양한 활동과 연습을 포함하고 있어 청소년들에게 큰 도움이 될 것입니다. 특히, 이 책은 오랫동안 마음챙김을 지도해 온 저자들의 경험이 곳곳에 섬세하게 녹아 있어, 청소년들이 자신을 더 잘 이해하고, 감정을 조절하며, 건강한 대처 방법을 습득하는 데 큰 도움을 줄 것입니다.

이 책은 청소년과 함께하는 모든 사람을 위한 것입니다. 특히, 일선에서 청소년을 상담하는 치료자, 아동기에 부정적 경험과 청소년기 역경을 경험한 (성인) 내담자를 만나고 있는 치료자, 그리고 아동 청소년 마음챙김 지도자들에게 큰 선물이 될 것입니다. 또 부모님과 교사, 그리고 청소년을 돌보는 모든 분이 이 책을 통해 청소년들의

마음을 더 잘 이해하고, 그들의 치유 과정에 적극적으로 참여할 수 있을 것입니다. 이 책은 청소년이 직면한 도전을 극복하고, 그들이 더욱 강하고, 자신감 있게 성장하는 데 필요한 도구와 지식을 제공합니다.

마지막으로, 이 책을 통해 고통과 괴로움 속에서 방황하고 있는 수많은 한국 청소년들이 스트레스와 트라우마를 스스로 극복하고, 건강하고 행복한 삶을 살아갈 수 있기를 기대합니다. 이 책이 그들에게 힘이 되고, 영감을 주며, 자신의 가능성을 발견하고, 더 밝은 미래를 향해 나아가는 데 든든한 동반자가 되기를 바랍니다.

미래에 피어날 따뜻한 희망을 담아.

추천의 글

Rhonda Magee

이 책을 읽고 있는 여러분이라면 청소년들이 겪고 있는 트라우마와 역경이 위기라고 할 수 있을 정도로 만연하고 심각하다는 사실에 대해 굳이 설명하지 않아도 될 것 같습니다.

청소년이 아동기 또는 십 대 이전에 발생한 역경의 여파를 안고 살아가는 상황이 점점 더 일반적으로 되어간다는 사실 또한 이미 들어보았을 것입니다. 실제로 최신 연구에서는 청소년의 트라우마 유병률을 전체 청소년의 거의 절반 수준으로 추정하고 있습니다.

트라우마가 발생 직후뿐만 아니라 이후의 삶에도 심각한 해를 끼칠 수 있다는 사실도 이미 알고 있을 것입니다. 연구에 따르면 아동기 부정적 경험[ACEs], 즉 아동기에 트라우마가 될 수 있는 부정적 경험은 여아, 유색인종, 소수민족에게서 더욱 흔히 나타납니다. 그리고 미 질병통제본부에서 지적하였듯 이들 경험은 만성 건강 문제의 높은 발병률에서부터 정신건강 질환과 약물 오남용에 이르기까지 삶의 후반에 나타나는 다양한 불이익과 상관관계가 있는 것으로 나타났기에 특히 우려스럽습니다.

하지만 이 사실에 대해서는 여러분이 모르고 있을 수도 있습니다. 바로 트라우마 경험으로부터 치유되는 길이 존재한다는 것입니다. 이 길은 많은 청소년과 성인이 안녕감의 잠재력에 더 기반을 두고, 안전하다는 느낌 속에서 긍정적인 대인관계와 연결되는 능력을 향상하며, 의미와 목적을 가지고 삶에 더욱 전념할 수 있도록 도와줍니다.

저에게 이 길을 알려준 것은 전문가들의 견해와 여러 연구에서 꾸준히 검증된 내용뿐만이 아니었습니다. 제 삶에서 실제로 경험한 사실이었습니다. 어린 시절 저는 (아버지의) 알코올 중독이 일상적인 가정폭력으로 이어지는 가정에서 자랐습니다. 친부모가 이혼하고 나서(그 후로 친부는 다시 보지 못했습니다) 어머니는 재혼했고, 저는 다시 한번 알코올 중독자(이번에는 계부)가 집안을 이끄는 가정에서 9살부터 13살까지 성추행을 겪으며 자랐습니다. 저는 청소년기 대부분 동안 그 누구에게도 이런 것들을 알리기 두려웠습니다.

이를 비롯한 여러 트라우마를 겪으며 자라왔지만, 오랜 기간 신뢰할 수 있는 선생님들과 친구들의 도움으로 저는 내면의 강인함과 재능에 의지할 수 있는 방법을 찾아냈습니다. 그로부터 시작하여 오늘날 저는 법학 교수, 작가, 마음챙김 지도자, 대중 강연자로 활동하고 있습니다. 고통스러웠던 어린 시절에는 그저 상상할 수만 있던 삶을 지금 살고 있습니다. 어떻게 가능했냐고요? 이 책이 여러분에게 보여줄 지지적인 가르침과 실천에 접근할 방법을 저 또한 찾았고, 그것들을 통해 탐구하고, 배우고, 성장하는 데 전념했기 때문입니다.

이 책에서 여러분은 트라우마가 몸에 어떻게 영향을 미치는지, 트라우마가 미치는 해로운 영향을 어떻게 다룰 수 있을지 배우게 될 것입니다. 괴로움으로부터 중심을 잡고, 대처에서 성장으로, 좌절에서 번영으로 나아갈 수 있는 실용적인 가르침과 연습을 여러 페이지에서 발견하게 될 것입니다. 물론 우리 각자는 서로 다르기에, 일부 연습이나 가르침이 다른 것들보다 더 많이 와 닿는다고 하더라도 놀라지 않길 바랍니다. 그저 자신에게 시도해 보겠다고 약속하고, 그 결과로 자신에게 어떤 긍정적인 가능성이 나타날지 확인해 볼 기회를 스스로에게 주세요.

하지만 무엇보다 가장 중요한 것은, 치유와 희망을 향한 자기 자신의 여정에 대한 사랑이 담긴 지지를 발견하는 것입니다. 그 과정에서 여러분은 여러분 자신만의 가장 지혜롭고 다정한 친구가 되어 줄 방법을 배우게 될 것입니다. 또한 누구나 직면할 수 있는 도전과 변화의 바다를 항해할 때 필요한 내면의 기술을 가질 수 있을 것입니다.

이 책에서 여러분이 필요로 하는 바로 그 지지를 발견하기를, 그리고 그를 통해 영원한 힘을 얻기를 바랍니다.

사랑과 희망을 담아.

1단원

TRAUMA

트라우마와 역경을 다루는 도구 상자

오랫동안 쌓여온 독성 스트레스, 역경, 트라우마를
극복하고 그로부터 회복하기

나의 도구 상자에는 무엇이 있을까?

고통스러운 경험은 우리 삶의 일부야. 허구가 아닌 생생한 현실이기도 하지. 하지만 마치 무거운 돌덩이가 담긴 큰 가방을 짊어지듯 너의 과거가 너를 짓누르게 둘 필요는 없어. 역경이 너의 삶을 통제하도록 내버려 두는 대신 그 역경을 받아들이고 그로부터 성장하는 방법을 배울 수 있거든. 너는 너에게 일어난 일로 정의되는 사람이 아니라, 스스로 되고자 하는 대로 정의되는 사람이니까. 어느 순간이든 그저 반응하는 대신 어떤 행동을 취하고 어떻게 반응할지 결정할 수 있어.

이 책에 담긴 활동들은 자신에 대해, 그리고 네가 겪은 과거의 역경들이 바로 지금의 너에게 어떤 영향을 미쳤는지에 대해 발견할 기회가 되어 줄 거야. 몇몇 활동 자료는 https://kcbs.ne.kr/books에서 다운로드할 수도 있어.

책의 1~4단원은 네가 오랜 독성 스트레스, 역경, 트라우마를 극복하고 그로부터 회복되는 것을 돕기 위해 설계한 지도야.

[1단원] 트라우마와 역경을 다루는 도구 상자 기분이 울적하거나, 불쾌하거나, 비참하거나, 이런 느낌들이 든다는 걸 알아차리거나, 내가 나답지 않다는 느낌이 들 때마다

언제든 이 단원으로 돌아올 수 있어. 이 단원은 그럴 때마다 너의 안전을 지킬 수 있는 활동에 정확히 초점을 맞추고 있지. 빠른 리셋이 필요할 때 쓸 수 있는 도구와 기술들이 이 단원에 담겨 있어. 이어지는 다른 페이지에서도 도움이 되는 방법들을 확인하게 될 거야.

필요하다면 언제든
'마음의 응급처치
(p. 31)'로 이동

마음 한 걸음 더
돌보기

[2단원] 인생의 경험들: 독성 스트레스, 역경, 트라우마 이 단원은 네가 경험했거나, 경험하고 있을지도 모를 독성 스트레스와 역경, 트라우마를 탐색하는 데 도움이 될 거야. 과거와 현재 삶 속 경험을 확인하고, 관점을 얻으며, 밝혀내는 작업은 네가 성장하고, 변화하고, 치유되는 데 도움을 줄 수 있지.

삶의 여러 경험 속에, 스트레스, 역경, 트라우마 같은 힘겨운 주제가 포함되어 있었다면 나의 경험 속에서 정보를 발굴해 내는 작업이 큰 도전이 될 수도 있어. 명확히 질문받기 전까지 어느 정도 의식 밖에 놓여 있던 경험을 발견하고 탐색할 때면 지치고 피곤해지는, 조금은 감정적으로 되고 심지어는 언짢아지는 자신을 알아차릴지도 몰라. 자연스러운 현상이야. 이런 느낌과 경험을 가라앉히고 다룰 수 있는 건강한 도구를 얻는 게 중요하지. 책의 나머지 부분은 여기에 초점을 맞추고 있어.

[3단원] 역경 헤쳐나가기: 마음챙김 기반 기술로 스스로 자원 확보하기 삶 속 경험을 둘러싼 알아차림과 통찰이 늘어나면 이제 무엇을 해야 할지 궁금해질지도 몰라. 이 단원에서는 너 자신에 대해 배운 것들에서 길을 찾을 수 있는 마음챙김 기반 기술에 초점을 맞출 거야. 삶 속 경험으로부터 뻗어 나오는 스트레스에 대처하고 그것들을 다루는 데 도움이 되는 '정서적 응급처치'라 볼 수 있지.

[4단원] 방향을 바꿔 다시 시작하기: 역경을 딛고 성장하기 비록 변화하기는 어렵지만, 알아차림을 통해 새로운 성장의 기회를 맞이할 수 있어. 매 순간이 발상의 전환을 통해 무언가 다른 방식으로 대해 볼 수 있는 기회야.

이 단원에서는 고통을 더해가며 종합적으로 괴로움을 악화시키는 경향에서 벗어나 앞으로 나아가는 방법에 초점을 맞출 거야. 갇힌 상태로 머무르려는 경향을 밀어내고 그 대신 운전석에 앉아서 삶을 통제하는 거지. 새로운 관점을 곰곰이 생각해 보고, 어떤 점을 변화시켜야 할지, 무엇을 다르게 해 보아야 할지 확인하는 데 도움이 될 거야. 너의 안녕에 유익하도록 삶의 경험을 사용할 방법을 배워볼 거야. 이 단원을 통해 지금껏 짊어지고 있던 감정적 돌덩이들을 내려놓고 계속 앞으로 나아갈 수 있는 길을 볼 수 있을 거야. 너의 고통, 역경, 트라우마의 그늘에서 벗어날 수 있는 걸음을 내딛는 거지.

다시 한번 말할게. 너는 네가 견뎌온 역경과 트라우마로 정의되지 않아. 너에게 일어났던 사건들이 너의 전부가 아니야. 너 자신이 누구인지 정의하는 사람은, 바로 너야.

마음에 새길 핵심 메시지

각 활동 끝부분에서는 '마음에 새길 핵심 메시지'를 보게 될 거야. 활동에서 중요한 정보들을 살펴볼 수 있는 요점들이지. 활동 요소들을 충분히 이해하도록 도와주는 문장들과 연습했던 활동을 더욱 유용하고 가치 있게 만들 방법들이 적혀 있을 거야.

지금 이 순간 자신을 환영하기

마음챙김이란 우리 삶이 시시각각 전개되는 것에 주의를 기울이는 거야. 매 순간은 산뜻하게 시작할 새로운 기회이자, 우리를 짓누르는 여러 가지의 강도를 줄일 수 있는 때이기도 하지. 우리는 지금 일어나는 매 순간 속에서 우리의 삶을 살 수 있어. 바로 지금 이 순간에 하루를 다시 시작하기로 선택할 수도 있지. 스트레스받는 삶 속 순간과 역경에 원래 주어야 할 관심보다 더 큰 관심을 줄 필요는 없어. 네가 그것들을 경험하지 않고 있다는 말이 아니야. 만약 그랬다면 이 책을 보고 있지도 않았겠지. 다만 스트레스와 역경에 얼마나 많은 에너지와 노력을 쏟을지 결정하는 것을 목표로 삼아 볼 수 있다는 걸 의미하는 거야.

스트레스와 역경, 그리고 도전은 우리 삶의 본질이지만, 우리의 건강과 안녕에 도움 되지 않는 그것들을 내려놓는 방법을 배워볼 수도 있어. 너를 짓누르는 그것들로부터 스스로를 자유롭게 하고, 그로써 너에게 이로운 것들에 관심을 기울이며, 정신적으로든 신체적으로든 피해를 주는 것들에는 시간을 덜 쓰게끔 뇌를 사용하는 방법을 배우길 바라. 망각하는 방법을 배우라는 게 아니야. 삶에서 스트레스와 역경, 트라우마의 원인이 되어 온 것들로부터 너 자신을 자유롭게 하는 방법을 배우는 거야. 그런 고통스러운 순간들이 일어나지 않았다고 말하는 건 아니지만, 그것들이 너에게 들러붙어 있을 필요는 없지. 과거는 내려놓을 수 있어.

너에게 도움이 되고 이로우며 건강하고 즐거운 순간들을 받아들이고 음미하기로 선택할 수 있어. 너의 주의를 어디에 둘지 선택해 낼 수 있는 거야. 고통스럽고 괴로운 부정적인 순간들의 강도를 약화하는 작업을 할 수 있지. 그래, 알아차리고, 이해하고, 받아들이려 해 보고, 가능한 지점에서부터 변화함으로써 그 순간들이 너에게 미치는 영향을 줄여보는 거야. 네가 갇혀있던 그곳으로부터 풀려나기 위한 작업이자, 너 자신을 자유롭게 하는 작업이야.

많은 사람이 그렇듯 너 또한 자신을 지키고 보호하기 위한 수단으로써 역경과 트라우마에 매달리고 있을지도 몰라. 다시는 그런 일을 겪지 않기 위해 경계하는 것이지. 하지만 고통을 붙들고 있으면 과거에 몰두하며 갇혀있게 되고, 현재를 상처 입히게 돼.

자신의 고통과 괴로움을 경험하고 기억하는 것은 정상적이고 자연스러운 일이야. 우리의 몸은 그와 같은 일이 다시 일어나는 것으로부터 우리 자신을 보호할 방법에 대한 정보를 제공하지. 하지만 받아들이고, 놓아주고, 용서하는 방법을 배우지 못한 사람은 고통과 수치심, 죄책감과 비난 속에서 살아가게 되곤 해. 현재 겪고 있는 역경과 자신의 역사에 갇히게 되면 지금 순간 일어나는 그대로의 삶을 살 기회를 놓쳐버리는 거야.

과거와 현재 상황에 대한 지식이 깊어지면 자율성과 힘, 통제감이 주어지지. 지식을 통해 변화와 성장이 뒤따를 수 있기 때문이야. 행동과 변화가 따르지 않는 지식은 우리를 고통 속에 갇혀있게 만들 수 있어. 이 책에 담긴 활동으로 배우고, 성장하고, 변화하도록, 그리고 너의 스트레스와 고통을 덜어내며 그것들로부터 풀려나도록 돕고자 해.

탐구, 알아차림, 통찰

이 책의 끝부분을 보면 '탐구, 알아차림, 통찰을 위해'라는 페이지가 있을 거야. 책 속 활동을 하면서 여백이 필요하거나, 무언가 깨닫고 통찰한 내용을 적어놓기 위해 메모해야 한다면 https://kcbs.ne.kr/books에서 필요한 만큼 다운로드할 수도 있어.

책에 실린 활동을 작업하는 동안 자신을 친절하게 대하고 매 순간 무엇이 필요한지에 대해 귀 기울여야 한다는 걸 기억하자. 다음에 소개하는 자원들을 참고할 수도 있고, 어떤 활동이든 다시 해 볼 수도, 건너뛸 수도 있어. 이 책은 배운 지식을 네 것으로 만들고, 그로부터 성장하며, 유익하고 긍정적인 삶의 변화를 만들어 갈 수 있도록 돕고자 쓴 책이니까.

지금 여기에서 할 수 있는 일: 마음의 응급처치

마음의
응급처치

'마음의 응급처치'란 착지법, 안전 수칙, 자기 돌봄 활동, 그리고 스트레스, 역경, 트라우마로 인해 정서적으로나 신체적으로 활성화되었다고 느낄 때, 또는 네가 하고 싶을 때마다 할 수 있는 제안이 담긴 도구 모음이야. 일상에서 할 수 있는 좋은 방법이 많아. 이것들을 사용하면 필요한 순간에 도움이 될 거야.

필요하다면 언제든
'마음의 응급처치
(p. 31)'로 이동

앞으로 살펴볼 활동들에서 만화 말풍선처럼 보이는 두 종류의 딱지를 보게 될 텐데, 우리의 작업을 지원하기 위한 딱지라고 보면 돼. '필요하다면 언제든 마음의 응급처치로 이동' 딱지는 그 활동이 감정적으로 도전이 되거나 조금은 부담스러울 수 있다는 걸 알려주고, 감정을 즉시 초기화하려면 이 부분으로 돌아오라는 신호야. 몇몇 활동에는 '마음 한 걸음 더 돌보기'라는 딱지가 붙어 있을 거야. 거기엔 그 순간 너를 도와주고 너의 안녕을 지지하는 수칙, 도구, 기술들이 가득 마련되어 있어. 특히 너의 정신건

마음 한 걸음 더
돌보기

강에 지원이 필요할 때 아주 유용할 거야.

자기 자신에게 착지하기

매 순간 몸의 여러 부분을 알아차리고 거기에 집중하면 너 자신에게 착지할 수 있어. 예를 들면, 지금 이 순간 서 있는 채로 발을 알아차리며 집중해 보는 것도 너 자신에게 착지하는 방법의 하나야. 착지법은 우리의 몸보다는 생각 속에 있으면서 불편하고 단절된 것 같다고 느낄 때 유용해. 매 순간에 더 연결되어야 할 때 다음과 같은 착지법을 사용해 볼 수 있어.

- 손가락을 각각 알아차려 보자.
- 손가락을 꼼지락거려 보자.
- 손가락이나 손에 닿는 공기나 감각을 알아차려 보자.
- 엄지손가락으로 다른 손가락을 하나씩 접촉해 보자.
- 손가락으로 숫자를 세어보자.
- 손을 각각 알아차려 보자.
- 양손을 알아차려 보자.
- 발가락을 각각 알아차려 보자.
- 발가락을 꼼지락거려 보자.
- 양발을 둘러싸고 있는 것들을 알아차려 보자.
- 신발을 신고, 또는 벗고 걸어보자.
- 풀밭이나 아스팔트처럼 서로 다른 지면을 걸어보자.
- 호흡을 세어보자.
- 호흡할 때마다 들숨 하나, 날숨 하나, 들숨 둘, 날숨 둘, 하고 되뇌어 보자(필요한 만큼, 또는 하고픈 만큼 계속해 보자).
- 다음 호흡에서 숨이 어디로(코나 입으로) 들어오는지 알아차려 보자.
- 다음 호흡에서 숨이 어디로(코나 입으로) 나가는지 알아차려 보자.

- 숨을 들이쉴 때 배가 부풀어 오르는 것을 알아차려 보자.
- 숨을 내쉴 때 배가 꺼지는 것을 알아차려 보자.
- 숨을 쉴 때 숨이 몸에서 어떻게 이동하는지 알아차려 보자.

지금 여기로 자신을 데려오기(정향하기)

힘겨운 상황, 역경, 트라우마 사건으로 촉발되거나 활성화될 때, 또는 플래시백으로 이러한 기억을 경험할 때면 멍해지거나 기절할 것 같은 느낌이 들 수 있어. 이 느낌은 방어 기전, 즉 우리 자신을 보호하려는 방식이야. 예를 들어, 신체적인 해를 입은 사람은 그것을 느끼지 않기 위해 그것들과의 연결을 끊어버리고 분리되어 버릴 수 있지. 바로 해리라고 불리는 반응이야.

이럴 때는 우리를 둘러싼 주변을 알아차려 보는 것이 유용해. 만약 이런 느낌을 받은 적이 있다면, 다음 목록을 통해 너 자신을 더욱 온전하게 현재 순간으로 데려올 수 있을 거야.

- 지금이 하루 중 언제인지 알아차려 보자(낮인지, 밤인지).
- 자신이 어디에 있는지 알아차려 보자(집인지, 학교인지).
- 자신의 오감을 알아차려 보자(시각, 후각, 미각, 청각, 촉각).
- 자신의 에너지 수준을 알아차려 보자(피곤한지, 깨어있는지).
- 몸의 자세를 알아차려 보자(앉아있는지, 서 있는지, 누워 있는지).
- 몸이 지면이나 다른 표면에 닿아 있는 지점을 알아차려 보자.
- 얼굴에 어떤 표정을 짓고 있든 풀어보자.
- 어금니를 꽉 깨물어 턱이 긴장되어 있다면 풀어보자.
- 뻣뻣해져 있거나 긴장된 근육을 풀어보자(얼굴이든, 목이든, 어깨든).
- 발끝에서부터 머리 꼭대기까지 나타나는 신체 감각을 알아차려 보자.

자해 행동을 착지법으로 바꾸기

때로는 감정적 고통을 마비시키거나 회피하기 위해 물리적으로 자해(칼로 긋기, 술이나 약물 사용하기, 안전하지 않은 성관계하기, 폭식하거나 토하기)를 하기도 해. 다음과 같은 착지법이 자해 행동을 대체할 수 있어.

- 발이 있는 곳에 머무르며, 그대로 발을 내려다보자.
- 맨발로 잔디, 모래, 카펫 위 같은 곳들을 걸어보자.
- 욕조에 차가운 물을 틀어놓고 발을 담가 보자.
- 신발을 신고 흙, 나무, 풀밭 위를 걸어보자.
- 얼음 조각을 손으로 잡고, 녹을 때까지 쥐고 있어 보자.
- 흐르는 찬물에 손을 넣거나 그 아래 두어보자.
- 양손을 각각 관찰해보자.

자기 돌봄 활동 실천하기

마음 한 걸음 더 돌보기

- 밖으로 나가 이리저리 돌아다녀 보자.
- 마음챙김과 이완 기법을 연습해 보자.
- 동물과 함께 시간을 보내 보자.
- 다른 사람에게 해 주곤 하는 친절한 행동을 자신에게 해 보자.
- 자신에게 친절한 말을 해 보자.
- 좋아하는 긍정적인 음악을 즐겨 보자(춤을 추거나 노래해 볼 수도 있어).
- 몇 차례 깊게 호흡해 보자.
- 웃어보자.
- 낮잠을 자자.
- 운동하자.

- 착지법을 연습해 보자.
- 일기를 쓰자.
- 재미 삼아 독서를 해 보자.
- 자신에게 감사 메시지를 써 보자.
- 감사한 것들을 세 가지에서 다섯 가지 정도 적어 보자.
- 자신을 걱정해 주는 사람에게 그저 메시지를 보내는 대신 전화해 보자.
- 자신을 표현하는 무언가를 창작해 보자(미술 활동 등).
- 일출이나 일몰을 바라보자.
- 화분이나 화단을 가꾸자.
- 악기를 연주해 보자.
- 밤하늘의 별을 올려다보자.
- 건강한 음식을 요리해 보자. 자기 자신을 지지해 주고 영양을 챙겨주는 누군가와 함께해 볼 수도 있어.
- 혼자, 또는 힘이 되어 주는 사람과 함께 산책하러 가자.
- 잠시 휴식을 취하거나, 스트레스를 주는 사람이나 대상으로부터 한 걸음 벗어나자.
- 목욕하거나 샤워하자.
- 기분 좋은 향기를 맡아 보자(꽃, 에센셜 오일, 향신료, 향초, 향수 등).
- 좋아하는 게임을 하자.
- 다른 사람을 친절히 대해 보자.
- 봉사활동을 하자.

인간으로서 내가 가진 근본 욕구 평가하기

인간에게는 안전한 상태로, 만족감을 느끼며, 연결되기를 바라는 근본적인 욕구가 있어. 이러한 욕구들이 충족되어 있을 때는 이것들이 생각조차 나지 않기도 해. 예를 들어, 우리가 안전하다면 자신의 안전에 대해 생각할 필요를 느끼지 않지. 하지만 안전하지 않은 집안 환경에 있는 누군가는 안전을 구하고 유지하는 방법에 대해 종종 떠올리게 될 거야. 네가 안전한지, 만족스러운지, 연결되어 있는지를 평가하기 위해 자신을 파악하는 방법을 배우는 건 매우 중요한 일이야.

안전

너의 삶 속에서 누가, 또는 어떤 상황이 너로 하여금 안전하다는 감각을 느끼게 해 주는지 자신에게 물어보자. 반대로 무엇이 너를 취약해지게 하고, 안전하지 않고, 불편하게 하고, 심지어는 위협을 느끼게 하는지도 물어보자.

만약 안전하다고 느껴지지 않는다면, 책 뒷부분에 있는 '안전 점검하기'로 이동해서 환경 속 어떤 점이 신체적으로나 감정적으로 안전하지 않다고 느끼게 하는지 평가해 보자. 즉시 도움이 필요하다면 '지금 당장 도움이 필요할 때'로 이동해서 연락을 취할 수 있는 자원을 확인하자.

충족

누구와 또는 어떤 상황에 있을 때 네가 즐겁거나, 감사하거나, 좋거나, 충족된다고 느끼는지 자신에게 물어보자. 반대로 어떤 사람이나 상황이 너를 불편하고 안 좋은 기분이 들게 하는지, 실망스러움과 낙담과 단절감을 느끼게 하는지도 물어보자.

질문에 대한 답이 네가 떠올린 건강한 사람들, 그리고 너의 충족감은 높이고 불만족은 낮추는 상황으로 너를 이끌게 하자. 너의 마음에 차지 않는 사람들과 함께 시간을 보내는 건 힘든 일이야. 할 수 있다면 너의 안녕과 충족감에 힘을 실어주는 사람들과 함께하는 시간은 늘리고, 실망하게 하거나 너에게 진심이지 않은 사람들에게는 관심을 줄이자. 그리고 건강과 안녕에 도움이 되지 않는 활동에 쓰는 시간도 줄여보자.

연결

대부분 사람은 다른 이들과 연결되기를, 그들이 나를 사랑해 주고 좋아해 주기를 구하고 바라. 관계가 끝나버린 상실감, 세상을 떠난 누군가를 향한 애도, 상대방에게 거절당하는 느낌을 겪어내는 건 힘든 일이야. 사람들이 가장 외롭다고 느끼는 순간이 바로 이럴 때지. 그런데 다른 이들과의 연결이 가장 필요한 순간인 이런 때에도 어떤 사람들은 자신에게 좋은 것과 반대로 행동하고, 삶 속에서 스스로 고립되고 다른 사람들과 거리를 두는 등 더욱 단절되곤 해. 안타깝지만 우리 삶의 어느 때라도 단절되고 연결이 부족하다는 느낌이 드는 때가 최소 한 번은 있을 거야. 단절을 방지하기 위한 한 가지 방법은 도움을 요청해서 지지를 구하고 얻는 거야. 우리 자신을 진심으로 대하고 우리에게 힘이 되어 준다고 여겨지는 사람들과 함께 시간을 보내는 것도 또 다른 방법이지.

상실감이나 거절당하는 느낌을 받거나 사랑받지 못한다고 느낄 때, 이러한 공허함을 건강하지도 않고 도움 되지도 않는, 심지어는 해롭기까지 한 방식(술, 약물, 자해 등)으로 채우려고 하는 사람들이 있어. 연결이 부족하다고 느낄 때는 여전히 너의 삶에 함께하고 있는 사람들과 건강한 방식으로써 너를 지지하는 방향으로 이끄는 활동들을 찬찬히 떠올려 보자. 활동 7에 있는 '건강하고 안전한 대처 기술 100가지'를 언제든 참고할 수도 있어. https://kcbs.ne.kr/books에서 이 목록을 다운로드할 수도 있지.

안전 유지하기

다음은 자기 자신을 보호할 수 있는 간단한 점검 방법이야. 지금 이 순간 충족되지 않고 있는 너의 욕구들, 그리고 그 욕구들을 충족시킬 수 있는 몇 가지 방법에 대한 정보를 얻을 수 있어. 다음에 대해 자신에게 물어보자.

- 나는 안전한가? 만약 아니라면, 안전을 구하고 유지하자.
- 나는 배고픈가? 만약 그렇다면, 가능한 한 먹자.
- 나는 외로운가? 만약 그렇다면, 가능한 한 힘이 되어 주고 위로가 되는 사람과 연결되자.
- 나는 피곤한가? 만약 그렇다면, 가능한 한 잠을 자자.

안전한 고슴도치: 안전을 구하고 유지하기

자신을 돌보는 가장 중요한 방법 중 하나는 신체적, 정신적 안전을 보호하는 거야. 우리가 가장 바라는 것도 너의 안전이지. 그 무엇보다도 너 자신을 안전하게 지켜야 해.

자기 자신을 돌보거나 지키는 걸 이기적이라고 생각할지도 몰라. 그렇지만 실제로는 자신을 보호하는 건 이기적인 것과 거리가 멀어. 자기 자신을 먼저 돌보지 못한다면 다른 누구도 도울 수 없거든. 심장이 다른 장기에 혈액을 보내기 전에 자기 자신에게 먼저 혈액을 공급한다는 사실을 떠올려 보자. 생존하려면 그렇게 해야 하기 때문이야. 어떤 식으로든 안전이 위협받을 때면 여기에 실린 자신을 보호하는 고슴도치 그림을 기억하길 바라. 다음 목록에 있는 호신 방법 목록을 안전을 지키기 위해 사용해 볼 수 있어.

자기 보호 활동 실천하기

인간의 핵심 기본 본능은 자신을 보호하는 거야. 해로움이나 위험으로부터 자신을 보호하는 건 필수지. 고통과 두려움은 자기 보호 상태가 위험에 처했다는 지표야.

자기 자신을 착지시키기

지금 이 순간 네 발이 있는 곳에 머물러보자. 시간과 공간에 너의 방향을 맞추자(정향하자). 이번 장 앞부분으로 이동해서 할 수 있는 착지법들을 확인하자.

안전 점검하기

자신에게 물어보자. "지금 이 순간 나는 신체적으로 안전하지 않다고 느끼나? 지금 이 순간 나는 감정적으로 안전하지 않다고 느끼나?" 두 질문 중 한 가지 이상에 "그렇다"라고 답했다면, 이 책 뒷부분에 있는 '안전 점검하기'로 이동하자. 이 책 뒷부분으로 이동해서 추가적인 도움을 받을 수도 있어.

직감 점검하기

직감을 점검하면 자신이 안전하지 않은 상황에 놓여 있는지, 위험한 결정이나 실수를 하려 하는지에 대한 경고 알람을 받을 수 있어. 이상하거나 기이한 느낌을 받는지, 무언가 옳지 않다고 알려주는 작은 목소리가 들리는지 알아차려 보자. 내면에서 어떤 느낌이 드는지 알아차려 보자. 본능이나 직감을 부정하지 말자. 안전을 지킬 수 있다면, 좀 더 조심하는 편이 나아.

신뢰할 만한 어른 찾기

신뢰할 수 있는 어른인지 판단하는 가장 좋은 방법은 자신에게 이렇게 물어보는 거야. "이 어른과 있을 때 나는 안전하다고 느끼나?" 다음과 같은 다른 질문들도 고려해 보자.

"이 어른에게 존경심을 느끼나?"
"이 어른과 대화할 때 내 이야기를 들어주고 경청해 준다는 느낌이 드나?"

"예전에 이 어른과 함께할 때 긍정적인 느낌을 받았나?"

이 질문 중 최소한 일부에라도 "그렇다"라고 답할 수 있다면, 아마도 그 어른에게는 도움을 구해볼 수 있을 거야.

마음의 응급처치 감정적으로나 신체적으로 활성화되었다고 느낄 때마다 마음의 응급처치를 활용해 보자. 착지법을 이용하고, 지금 여기에 자신을 정향하고, 이번 장 앞부분에 있는 자기 돌봄 활동을 사용해 보자.

정신건강 평가하기: 빨간 깃발 신호 찾기

누군가가 정신건강에 어려움을 겪고 있다는 것을 정신건강 전문가에게 알려주는 '빨간 깃발' 신호 중 일부를 알아두면 유용할 거야. 다음과 같은 주요 영역에서의 변화는 너에게 추가적인 도움이 필요하다는 사실을 가리키는 것일 수도 있어.

식사: 평소 식사량보다 많이 먹거나 적게 먹는다.
수면: 평소 수면량보다 많이 자거나 적게 잔다.
갑작스러운 기분 변화: 평소보다 더 짜증이 나거나, 화가 치밀거나, 불안하거나, 슬픔을 더 많이 느낀다.
흥미 변화: 예전에 관심을 가졌던 일들을 하지 않게 되거나, 그 일들을 할 때 느끼는 즐거움이 크게 줄어들었다.
대인관계: 평소보다 친구나 다른 사람들과 시간을 더 적게 보낸다.
고립: 예전보다 더 많이 혼자 있고 싶다고 느낀다.

만약 이들 영역 중 하나 이상에서 눈에 띨 정도로 상당한 변화가 있다는 걸 깨달았다면, 부디 (1) 신뢰할 수 있는 어른과 이야기를 나누고, (2) 정신건강 지원이나 서비스를 찾는 것을 꼭 고려해 보길 바라. 도움이 필요하다면 이 책 뒷부분에 실린 자원들을 참고해 볼 수도 있어.

자신이나 다른 사람을 진단하거나 치료하라고 권하는 것이 아니야. 이런 빨간 깃발 신호들이 너에게 필요한 조치를 취하고 추가적인 도움을 받아야 하는 상태를 알려줄 수 있기에 공유하는 거야.

이 책 둘러보기

우리는 오랫동안 쌓여온 독성 스트레스, 역경, 트라우마를 극복하고 회복할 수 있어! 그런데 변화에는 시간이 걸리지. 새로운 기술을 배우고, 실천하고, 다르게 해 보는 데는 모두 시간이 걸려. 가능하다면 이 책에 실린 활동을 순서대로 진행해 보는 게 가장 좋아. 이 활동들은 서로를 기반으로 하여 쌓아 올리도록 고안되었고, 어떤 활동들은 앞부분에서 배웠던 기술이 기초가 되거든. 이 책에 실린 활동을 해 보고 기술을 써 보면 너 자신이 누구인지, 너의 과거가 지금 이 순간 이 책을 읽고 있는 너라는 사람을 어떻게 만들어왔는지 발견할 기회가 생길 거야. 그리고 기억해 주길 바라. 너의 과거는 네가 어떤 사람인지를 정의하지도, 너의 미래가 어떠해야 하는지를 결정하지도 않아. 네가 누구인지 정의하는 건 너 자신이며, 너의 미래를 결정하는 건 네가 내리는 선택과 실천할 행동이야.

우리가 너에게 힘겨운 것들을 들여다보게 하는 건 너의 기분을 더 나빠지게 하려는 게 아니야. 네가 배우고, 성장하고, 기분을 더 나아지게 하고 치유되는 데 필요한 변화를 만들어 가기 위해서야. 이 책에 실린 기술을 사용하면 너 자신에 대해 배우는 데 도움이 될 거야. 고통을 감내하고, 대처하고, 도전이 될 만한 상황들을 가라앉히는 데 도움이 되는 도구들도 배우게 될 거야. 고통과 괴로움을 완화하는 자기 돌봄, 자기 사랑, 자기 연민, 수용, 용서를 실천하는 방법들도 배울 수 있을 거야.

자신의 안전지대에 머무르기

이 책의 몇몇 활동을 완수하려다 보면 너의 안전지대로부터 밀려날 수도 있고, 힘겨운 것들을 바라보아야 할지도 몰라. 밀려나고 고통스러운 어떤 순간은 성장과 변화로 우리를 이끌기도 하지만, 어떤 고통은 그저 너무 심하기만 할 뿐이지. 네가 압도되고, 넘치는 감정에 휩쓸리고, 정서적 고통을 강렬하게 느낀다면 그 활동을 계속하도록 자신을 밀어붙이지 않길 바라. 그건 어떤 활동의 핵심과도, 의도와도 거리가 멀어. 그럴 땐 몸에 귀를 기울여 봐. 지금 하는 활동이 너무 힘들거나, 안전지대로부터 네가 벗어나려 하는 것보다 더 많이 벗어나게 하는 것 같다면 그 활동을 멈추고 정서적으로 덜 강렬한 활동으로 옮겨가는 게 백 퍼센트 적절하고 필요한 선택이야. 언제든 그 활동으로 다시 돌아갈 수도 있고, 아니면 완전히 건너뛸 수도 있어. 이 책은 너에게 해를 끼치려는 것이 아니라, 너의 길을 가로막는 어려움을 헤쳐나갈 방향을 알려주고, 그 어려움들을 다루고, 그로부터 성장하며, 앞으로 나아갈 새로운 방법들을 배우는 걸 도와주기 위해 고안되었으니까.

자기 자신을 점검하는 방법

이 책에 실린 활동들이 의도치 않은 부정적인 반응이나 결과로 이어지지 않는다는 걸 정말 확실히 해 두고 싶어. 활동을 작업할 때는 너에게 편안한 것들을 하길 바라. 무엇이 최선인지 아는 건 오직 너뿐이야. 압도되었다고 느끼거나 무언가 너무 심하게 느껴진다면, 잠시 멈추고 자신을 점검해 보자. 자신의 몸에 귀를 기울여 보는 거야.

- 불편한 신체 증상이 느껴지는지 알아차려 보자.

- 속에서 메스꺼움이나 울렁거림이 느껴지니?
- 손에 땀이 차는 것 같아?
- 두통이 있니?
- 턱이나 어깨가 긴장되니?
- 심장이 빠르게 뛰니?
- 호흡이 얕아지고, 막히고, 답답하니?
- 어떤 감정으로 느껴지니? (때로는 잘 모를 수도 있지만, 그래도 괜찮아. 어떤 불쾌하고 고통스러운 느낌이나 감정이 드는지 그저 알아차려 보자.)
- 그저 안 좋게 느껴지거나, 맞지 않다고 느껴지는 게 있을까?

이들 질문 중 한 가지 이상에 대해 "그렇다"라고 답했다면, 일단 지금 하던 활동을 멈추고 자신에게 덜 불편한 활동을 하자.

정신건강 분야 도움 구하기

이 책에 실린 활동으로 정신건강의학과 치료를 대체하려는 것은 아니지만, 도움을 주는 전문가와 함께라면 치료를 보강하는 역할을 할 수 있어. 활동 중 일부를 작업하다 보면 도움이 필요할 정도로 고통스러운 감정이나 기억이 떠오를 수도 있지. 이런 주제들은 정신건강 전문가나 신뢰할 만한 어른과 상의해 보길 바라. 이 책 뒷부분에 있는 '지금 당장 도움이 필요할 때'에서도 관련된 자원을 찾아볼 수 있을 거야.

2단원

T R A U M A

인생의 경험들: 독성 스트레스, 역경, 트라우마

변화와 성장, 건강으로 이끄는 알아차림과 통찰

활동 1

고통과 스트레스에 대한 배경 이야기

알아두면 유용한 정보

인간의 몸은 대단히 흥미로워. 우리 몸이 가진 타고난 능력 중 하나는 균형 잡힌 상태를 유지하는 거야(이걸 항상성이라고도 부르지). 균형을 잃으면 몸은 우리에게 균형을 되찾는 데 이용할 수 있는 정보를 가져다주지. 신체적 고통, 예를 들어 발가락을 찧었을 때를 떠올려 보자. 이 문장을 읽는 것만으로도 발가락을 찧었을 때 느꼈던 감각이 불러일으켜졌을 거야.

고통과 스트레스는 이야기를 들어주길 바랄 뿐

몸에서 느껴지는 고통과 스트레스는 우리가 균형에서 벗어났다는 정보를 알려주지. 몸이 이렇게 말하는 거야. "야, 나 고통스러워. 스트레스 받았다고! 이리 와서 내 말 좀 들어봐!" 힘겨운 상황을 경험하는 고통스러운 순간들이 너에게도 있을 거야. 그리고 그 스트레스는 발가락 찧은 것을 알아차리는 것만큼 분명하게 느껴지지 않기도 해. 특히 감정적으로 고통스러운 경우라면 말이야.

> 리사는 방에서 놀면서 평소처럼 하루를 잘 보내고 있다고 생각했다. 그때 어디선가 오빠와 함께 어렸을 때 즐겨 부르던 흥겨운 노래가 들려왔다. 리사는 미소를 지었지만, 그 후에 속이 메스꺼워졌다. 리사의 얼굴에서 미소가 사라졌다. 일주일 전 있었던 괴로운 일이 그 순간 떠올랐다. 오빠와 이야기를 나누던 순간이었다. 오빠는 월세 낼 돈이 없다고 이야기했지만, 가족들에게는 오빠를 도와줄 돈이나 오빠가 머물 수 있을 만한 공간이 없었다. 오빠가 처한 상황에 대해 리사는 괴로움과 스트레스, 걱정과 슬픔을 느꼈고, 옛 노래가 그 느낌들을 촉발시킨 것이었다. 그때껏 리사는 자신의 마음에 그런 느낌들이 존재한다는 것조차도, 자신을 괴롭히고 있다는 것조차도 몰랐다.

때때로 우리는 고통스럽다는 이유로 자신의 고통과 스트레스에 주의를 기울이려 하지도, 그것들을 다루려 하지도 않아. 고통을 밀어내려 하는 건 정상적이고 자연스러운 일이지만, 시간이 지나면 고통과 스트레스에는 자신을 표현할 방법이 생기게 돼. 끓고 있는 냄비를 생각해 보자. 주의를 기울이지 않고 내버려 두면 결국 흘러넘치게 되지. 시간이 더 지나 냄비를 불 위에 계속 두면 심지어 냄비가 타버려서 더는 쓰지 못하게 될 거야.

우리의 고통과 스트레스는 끓는 냄비와 같은 방식으로 작동해. 우리가 고통과 스트레스를 원하지 않더라도, 또는 그것들을 다루고 싶지 않더라도, 고통과 스트레스는 인간이 가진 자연스러운 한 부분이야. 우리는 고통을 겪게 될 거야. 스트레스도 받게 될 거고. 우리가 통제하고 조절할 수 있는 건 그 고통과 스트레스를 어떻게 할 건지에 대한 선택이야. 네가 가진 자원들, 그리고 앞으로 이 책에서 배울 자원들이 스트레스를 다루고 관리하는 데 도움을 줄 수 있어.

잠시 시간을 들여 줄이 그어진 아래 빈칸에 너에게 고통과 스트레스를 유발하는 것들을 무엇이든 나열해 보자. 모든 걸 다 적을 필요는 없어. 그저 지금 주어진 시간 동안 머릿속에 떠오르는 것들을 적어 보는 거야. 예를 들면 너의 삶 속에 있는 사람들, 학교, 집, 공부, 실망, 다른 사람들에게 걸었던 충족되지 못한 기대 같은 것들을 떠올려 보자.

더 많은 공간이 필요하다면 https://kcbs.ne.kr/books에서 이 부분을 다운로드할 수도 있어.

하나 더: 스트레스 다루기

스트레스 요인이란 일반적으로 사람의 항상성, 즉 균형을 위협하는 것들을 의미해. 간단히 말해서 우리를 스트레스받게 하는 것들이 스트레스 요인이지. 너의 스트레스 요인을 아는 것이 그 요인들을 줄이고 바꾸기 위한 행동을 하는 것의 첫 단계가 되어 줄 거야. 방금 적어 둔 목록으로 돌아가서 각 항목에 다음과 같이 표시해 보자.

- 단기적이거나, 급성이거나, 감당할 만한 스트레스 요인에는 동그라미를 쳐 보자. 어느 정도 노력하면 해결될 것들이야.
- 장기적이고, 만성적이지만, 감당할 만한 스트레스 요인에는 체크 표시를 해 보자. 적절한 계획과 실천을 통해 시간이 지나면 해결될 것들이야.
- 견뎌야만 하거나 감당할 수 없는 스트레스 요인에는 밑줄을 그어보자. 대부분 다른 사람이나 사회가 관련되어 있기 때문에 네가 통제할 수 없는 것들이야(예를 들면 코로나19).

이번 주에는 동그라미를 쳤던 것들에 어느 정도 노력을 기울여 보자. 해결했을 때 느껴질 어느 정도의 성공을 경험해 보고, 너의 고통과 스트레스 요인을 다루었던 점진적인 단계들이 무엇이었는지 알아차려 보자. 그런 다음 1~2주 동안은 체크 표시했던 것 중 한 가지를 선택해서 해결하도록 노력해 보자. 그 스트레스 요인을 단계별로 쪼개면 다루는 데 도움이 될지도 고려해 보자.

동그라미 쳤던 것들과 체크했던 것들을 가능한 한 계속 작업해 보자. 새로운 것들이 나타날 테고, 오래된 것들은 사라질 거야. 이 활동이 효과가 있다면 정기적으로 사용해 보는 것도 고려해 보자. 여기에는 또 다른 이점도 있어. 이것들을 일단 종이 위에 올려놓으면 더 이상 마음에 담아둘 필요가 없거든.

필요하다면 언제든
'마음의 응급처치
(p. 31)'로 이동

마지막으로 네가 바꿀 수 없다고 밑줄을 쳐둔 것들이 어떻게 느껴지는지 곰곰이 생각해 보자. 그것들을 통제할 수 없다고 해서 너에게 영향을 미치지 않는다는 건 아니야. 어쩌면 엄청난 영향을 미칠 수도 있지. 다른 사람이 바뀌지 않는 한, 또는 네가 통제할 수 있는 범위 밖에서 어떤 일이 일어나지 않는 한 그것들을 바꿀 수는 없기에 여전히 너의 삶 속에는 그런 고통과 스트레스가 존재할 거야. 네가 통제할 수 있는 건 너의 대응 방식이므로, 이어지는 활동에 담긴 기술을 사용하면 더욱 장기적으로 견뎌야 하는 고통과 스트레스 요인을 다루는 데 도움이 될 거야.

마음에 새길 핵심 메시지

스트레스란 요구나 위협에 대한 뇌 또는 몸의 반응이다. 이 정의는 꽤 단순해 보일 수도 있지만, 스트레스가 우리의 건강, 기능, 성과 같은 것들에 층층이 미치는 영향은 풀어놓고 보면 훨씬 더 복잡하다.

활동 2

스트레스가 기능에 미치는 영향

알아두면 유용한 정보

통증이 있거나 스트레스를 받을 때 이를 자신의 몸이 알려주지 않는다고 상상해 보자. 압박감(스트레스)과 업무 수행 능력 및 건강과의 관계는 이미 입증되었어(Yerkes and Dodson, 1908). 기본적으로 약간의 스트레스 상황에서는 업무 수행 능력이 향상되지만, 이는 어느 정도 수준까지에만 해당한다고 해. 우리의 정상 스트레스 반응은 적응적이고 생존에 필요한 거야. 균형을 유지하는 것이 우리 몸의 목표이기 때문에, 위협을 받거나 스트레스가 너무 큰 경우에는 몸으로부터 알람을 받게 되지.

특정 상황이나 조건에서 스트레스는 도움이 될 수도, 해로울 수도 있어. 위의 그림 하단에 있는 스트레스 수준을 살펴보자. 스트레스 곡선이 왼쪽에서 오른쪽으로 갈수록 스트레스가 커지는 거야. 곡선은 적은 양의 **유스트레스**(일명 '도움이 되는', '좋은' 스트레스)에서부터 시작해. 유스트레스는 주의력과 집중력을 올려줘서, 우리의 생산성을 높여주고 업무 성과를 높이는 데 도움을 줘. 스트레스 곡선의 꼭대기는 최고의 성과를 낼 수 있는 최적의 스트레스 수준이야. 운동선수들이 머무르고 싶은 상태이기도

인간의 기능 곡선(일명 스트레스 반응)

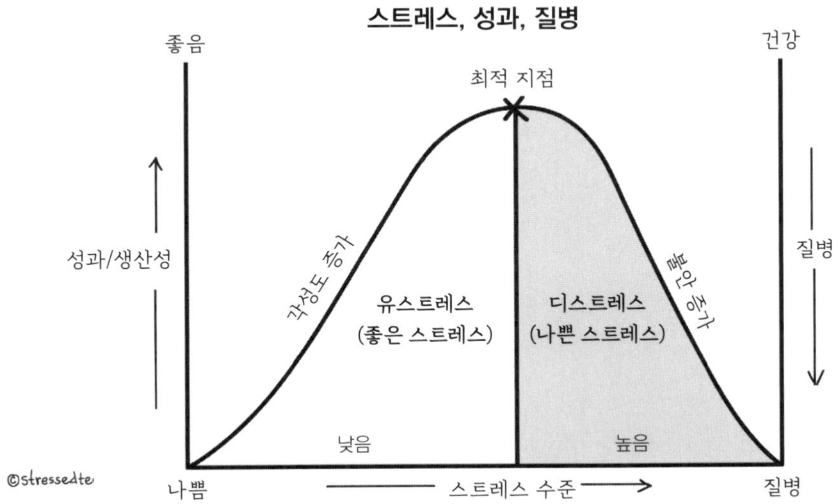

하지. 이를 '몰입 상태'라고 부르기도 해. 자밀의 상황을 예로 들어보자. **자밀은 농구 경기에서 슛을 던지려 한다. 아드레날린이 샘솟고, 점차 격렬해짐을 느끼며, 민첩하게 집중하고 있다. 유스트레스가 자밀이 슛을 던지고 득점하도록 도와주고 있다.**

하지만 스트레스가 너무 커지면 이러한 이점은 급격하게 줄어들어. 최적의 지점을 지난 스트레스는 **디스트레스**(일명 '해로운', '나쁜' 스트레스)로 변한다고 할 수 있어. 이 최적 지점은 고정되어 있거나 보장되는 게 아니야. 디스트레스를 받게 되고 스트레스 수준이 너무 높아지면, 정신건강과 신체건강 위험에 더욱 취약해지게 돼. 케샤에게 무슨 일이 일어났는지 살펴보자. **케샤는 수행평가 숙제를 미루었다. 기다리다 보면 스트레스가 자신이 숙제를 끝낼 수 있게끔 동기를 부여한다는 것을 알았기 때문이다. 하지만 예전에 효과가 있던 것이 이번에도 효과가 있는 건 아니었다. 이번에는 시험공부도 했어야 했기에 숙제를 너무 오래 미루며 기다렸다. 시험 전날 푹 자지도 못했고, 많이 먹지도 못했다. 이번에는 스트레스가 동기를 부여하는 것이 아니라 최적의 지점으로부터 디스트레스로 옮겨가며 케샤를 얼어붙게 했다. 그래서 아침이 되기 전에 해야 할 일을 할 수 없었다. 어떤 아이디어도 떠오르지 않았고, 불안이 케샤를 괴롭혔다. 불안을 없애려 소셜 미디어를 계속 확인했고, 곧 새벽 3시가 되었다. 숙제를 하지 못했을 뿐만 아니라 잠도 잘 수 없었다. 아침이 되었을 때 케샤는 학교에 가기**

싫었지만, 부모님은 케샤가 집에 있도록 허락해주시지 않았다. 이게 바로 스트레스가 여러 요인에 따라 얼마나 끊임없이 변화하는지를 보여주는 분명한 예시야.

급성 스트레스

자밀과 케샤의 상황은 한 가지 단일 사건의 예시야. 단일 사건에서 나타나는 스트레스는 급성 스트레스 요인의 한 예로, 시간이 지나면 스트레스 요인이 사라지기 때문에 일반적으로는 단기간 동안에만 영향을 미치는 스트레스 사건이라고 볼 수 있어. 케샤의 경우처럼 원하는 결과를 내지 않을지라도 어느 시점에서는 해소가 되지.

아래 빈칸에 네 삶에서 경험했던 급성 스트레스 요인들을 최대 10개까지 나열해 보자. 딱히 스트레스받는 게 없다고 생각할 수도 있어. 하지만 다음과 같은 사소한 것들일 수도 있으니 참고해 보자.

예: JJ는 이어폰을 꽂고 있어 친구가 말하러 다가오는 것을 몰랐기에 화들짝 놀랐던 일이 떠올랐다.

만성 스트레스

오래 지속되고 반복되는 스트레스 요인들은 만성적인 것으로 볼 수 있어. 일반적으로, 지속되는 만성 스트레스는 개인의 삶과 정신적, 신체적 건강에 부정적 영향을 미치게 돼. 아래 공간에 너의 삶 속 만성 스트레스 요인을 최대 10개까지 나열해 보자. 아무것도 떠오르지 않는다면 활동 1을 참고하자.

필요하다면 언제든 '마음의 응급처치 (p. 31)'로 이동

스트레스에 대한 우리 몸의 반응은 스트레스가 급성인지, 만성인지에 따라 상당히 달라져. 실제로 만성 스트레스는 면역계를 억제해서 신체적, 정신적 건강과 기능에 부정적인 영향을 미칠 수 있지. 만성 스트레스 요인은 두 종류로 분류할 수 있어. 네가 바꾸고 해결할 수 있는 것과 네 힘으로는 바꿀 수 없는 것으로 나뉘지. 다음 활동은 비교적 더욱 힘겨운 만성 스트레스 요인을 감내하고 관리하는 데 도움이 될 거야.

하나 더: 스트레스가 미치는 신체적, 정신적 영향

사람들은 스트레스 요인에 따라 서로 다른 영향을 경험하곤 해. 예를 들어, 친구가 교통사고를 당했다는 소식을 들으면 집에 격리되어 있는 상태보다 훨씬 더 큰 영향을 받을 수 있지. 이러한 영향에 대해 알아두면 유용할 거야. 몸이 우리에게 스트레스에 대한 알람을 보내는 방식을 알고 있으면 우리에게 힘과 자율성이 생기게 되거든.

다음은 스트레스의 결과로 경험할 수 있는 영향을 정리해 둔 목록이야. 모든 영향을 다 나열해 둔 것은 아니며, 목록에는 특정 순서가 없다는 걸 참고하길 바라.

신체적 영향

- 숨쉬기 어려움
(호흡이 짧아지고 얕아짐, 거칠거나 빠른 호흡)
- 목구멍이 막히는 것 같은 느낌
- 심장 박동이 빨라짐 – 요동치거나 쿵쾅거림
- 어지러움, 쓰러질 것 같음, 힘이 빠짐
- 가슴 통증
- 속쓰림
- 메스꺼움
- 장운동 변화
- 복통
- 식은땀
- 떨림
- 얼얼하거나 저림
- 두통 또는 편두통
- 근육이 뻣뻣해지고 긴장됨
- 식욕이 늘거나 줄어듦
- 체중 변화
- 체온 변화
- 수면 습관 변화
(불면증 또는 지속적인 피로)

정신적 영향

- 걱정됨
- 불안함
- 두려움
- 겁이 남
- 조마조마해지거나 경계심이 듦
- 긴장됨
- 절망적임
- 무감각함
- 고립감 또는 외로움
- 압도되는 느낌
- 공황 상태
- 안절부절못함
- 화가 남
- 의심스러움
- 슬픔
- 우울함
- 해리됨, 멍함, 넋이 나간 느낌
- 비정상적으로 많거나 빠른 말
- 쓸모없다는 느낌
- 적대적이 됨
- 답답함

마음에 새길 핵심 메시지

사람들이 말하는 스트레스는 보통 해로운 스트레스인 경우가 많지만, 어떤 스트레스는 실제로 도움이 된다. 심지어 독성이 있고, 만성적이고, 해로운 스트레스라도 우리에게 정보를 제공해 주려 하는 것이기에 유용한 면이 있다.

활동 3

독성 스트레스와 나의 안전

지난 활동에서 살펴보았던 인간의 기능 곡선은 우리의 기능에 스트레스가 얼마나 적응적이고 필요한지 보여주었지. 독성 스트레스란 역경 상황에서 비롯되는 장기적이고 만성적인 스트레스야. 개인의 건강과 안녕에 부정적인 영향을 미칠 수 있고, 우리가 기능하는 데 적응적이지도 않고, 필요하지도 않아.

특히 아동기나 청소년기에 장기간 독성 또는 만성 스트레스를 경험하게 되면, 이러한 생애 초기 스트레스[ELS]는 심각한 장애로 이어지거나 트라우마, 부정적인 신체 및 정신건강 문제, 심지어는 심각한 질병이나 질환으로 경험될 수 있어.[1] 너를 겁먹게 하거나 걱정하게 만들려는 게 아니라, 지식이 너에게 힘과 자율성을 줄 것이란 걸 알기에 여기에 대해서 가르쳐 주려는 거야.

무엇보다 안전이 최우선!

너의 삶 속 독성 스트레스에 대해 알아두면 다음과 같은 점들에 도움이 될 거야.

- 생애 초기 스트레스의 단기 및 장기 영향을 줄이기 위해 이 책에 담긴 기술과 자원을 사용할 수 있고,
- 스트레스의 영향에 대처하고 이를 감내할 수 있고,
- 스트레스가 어디에서 비롯되는지 알 수 있고,
- 실천 가능하고 안전한 지점에서부터 필요한 변화를 만들어 낼 수 있을 거야.

앞으로 이어질 활동에서 자신에 대해 더 많이 알게 된다면, 너의 안전을 최우선으로 지키길 바라! 독성 스트레스의 원인이 네가 속한 사회, 공동체, 가정환경의 일부라면 그것들을 바꾸려 하는 게 너에게 안전하지 않을 수도 있어. 다음 내용이 중요하다는 걸 기억하자.

- 안전한 순간, 안전한 장소에서만 변화를 시도한다.
- 이 책에 담긴 기술을 사용해서 독성 스트레스와 역경이 미치는 영향을 완화한다.
- 책 뒷부분에 있는 '지금 당장 도움이 필요할 때'와 1단원의 마음의 응급처치를 참고한다.
- 이 책 전체에 적혀 있는 주목할 점들을 찾아본다. 필요할 때 도움이 되는 추가 자원으로 활용할 수 있다.

필요하다면 언제든
'마음의 응급처치
(p. 31)'로 이동

네가 안전하지 않다거나 안전하지 않을 거라 말하는 건 아니지만, 너에게 독성 스트레스를 유발하는 무언가를 끝낼 수 없다면 너의 안전을 무엇보다 최우선으로 고려하길 바라. 네 곁의 사람들, 그리고 네가 속해 있는 공동체(학교, 집, 직장)와 함께 안전을 유지하는 것이 무엇보다 필수야. 만약 이 책을 읽는 동안, 또는 삶에서 어느 순간이든 심한 스트레스를 유발하는 것이 있다면 반드시 안전 점검을 하길 바라.

하나 더: 안전 점검하기

안전에는 다양한 유형이 있어. 신체적 안전이란 다른 사람이나 물리적 대상에 의해 발생하는 상해나 부상으로부터 자유로운 상태를 의미해. 정서적 안전은 열려 있고, 있는 그대로의 자신이 되고, 관계에서 취약해져도 안전하다고 느끼는 상태를 의미하지.

안전 점검은 신체적, 정서적, 또는 둘 모두에서 안전하지 않다고 느끼는 데 영향을 미치는 것들에 대한 정보를 제공할 수 있어. 지금 이 순간이 안전할지라도 다음 질문을 검토하고 답해 보자.

안전 점검하기

다음 단계를 통해 안전을 점검해 보자.

1. 지금 누구와 함께 있지? ____________ 너는 안전해? ____________

2. 지금 무엇을 하고 있지? ____________

3. 지금 어떤 생각을 하고 있지?

4. 지금 어디 있지? ____________ 너는 안전해? ____________

5. 왜 이 상황에 놓이게 되었지? 너를 비난하고, 부끄럽게 만들고, 죄책감을 느끼게 하려는 건 아니지만, 가능하다면 너 자신을 같은 상황에 두지 않도록 하자. 너를 지금 상황으로 이끈 환경 맥락이 바로 이것이니까.

____

____

6. 지금 몸에서 무엇을 느끼고 있지? 너의 몸에서 무엇이 느껴지는지 적어 보자.

____

____

7. 지금 감정적으로 무엇을 느끼고 있지? 그 느낌들을 적어 보자.

____

____

"너는 지금 안전해?"라는 질문에 "아니다"라는 답이 나온다면, 이 책 뒷부분에 있는 '지금 당장 도움이 필요할 때'로 이동하자.

필요하다면 언제든
'마음의 응급처치
(p. 31)'로 이동

마음에 새길 핵심 메시지

독성 스트레스는 우리가 기능하는 데 적응적이지도, 필요하지도 않다. 만약 그렇게 하는 게 안전하다면, 삶의 독성 상황에서 벗어나기 위해 어떤 선택과 행동을 할 수 있을지 고려해 보자.

활동 4

나의 유소년기 부정적 경험

알아두면 유용한 정보

생애 초기에 겪은 스트레스, 특히 독성 스트레스의 장기간 노출은 우리의 건강에 부정적인 영향을 미칠 수 있어. 독성 스트레스 요인은 우리에게 영향을 미쳤거나 여전히 존재하는 부정적 사건이나 환경 같은 역경으로부터 비롯되지. 이러한 역경들은 자기 자신의 개인적인 괴로움이나 환경으로부터 나타날 수 있어. 집안에서든, 연인 관계나 또래 관계에서든, 더 큰 사회 구조 속에서든 말이야.

역경이란 신체적, 심리적 건강과 안녕에 심각한 위협을 가하는 상황이나 경험 같은 광범위한 위험 요소를 일컫는 넓은 범주의 용어야. 생애 초기에 장기간 독성 스트레스를 경험한다고 해서 반드시 건강 문제가 생긴다기보다는 신체적, 정신적 건강에서 어려움을 겪을 가능성이 커진다는 것을 의미한다고 보면 돼. 네가 경험했거나 경험하고 있는 역경과 너에게 일어날 수 있는 건강 위험 요소를 알아두면 앞으로 하게 될 선택과 행동에 도움이 될 거야.

> 쉴라의 엄마는 당뇨병을 앓고 있다. 그렇기에 쉴라는 자신이 유전적으로 당뇨병에 걸릴 위험이 크다는 것을 알고 있다. 만약 쉴라가 삶의 초기에 당뇨병에 대해 배우고 자신의 행동을 변화시킨다면 당뇨병에 걸릴 가능성과 위험을 줄일 수 있을 것이다. 예를 들어 정기적으로 당뇨병 검사를 받거나, 알맞은 식단과 운동을 실천해 볼 수 있다.

때로는 쉴라의 사례처럼 어떤 조치를 취해야 할지 아는 게 쉽지도, 명확하지도 않을 거야. 그리고 역경은 과거로부터 나타날 수도 있어. 네가 경험했거나 경험하고 있는 역경에 대해 알아두면 네가 통제하고 조절할 수 있는 것들을 바꿀 수 있어. 안타깝게도 우리가 바꿀 수 없는 역경이 존재한다는 것도 잘 알고 있지. 하지만 이 책을 통해 너의 건강에 영향을 미칠 수 있는 위험을 피할 수 있도록 너에게 가능한 한 많은 자원을 주는 데 최선을 다할 거야.

유소년기 부정적 경험이 건강에 미치는 영향

유소년기 부정적 경험[AYEs]이란 중대한 영향을 미칠 수 있는 아동기와 청소년기에 발생한 다양한 종류의 위험 요소와 역경을 일컫는 용어야. 위험 요소가 많을수록, 삶의 역경이 클수록 건강에 부정적 영향을 미칠 위험은 더 커지게 돼. 삶에서 역경을 경험했다는 것 자체가 앞으로 부정적인 영향을 받는다는 걸 예측하는 건 아니야. 그저 부정적 유소년기 경험에 대한 노출을 네가 가진 위험 요인으로써 알아두어야 한다는 거야.

유소년기 부정적 경험 목록

아동기 부정적 경험[ACEs]과 아동기에 식별된 10가지 위험 요인이 성인기의 질병 및 사망률의 주요 원인에 미치는 영향을 조사한 획기적인 연구가 1998년에 발표되었어. 연구 결과 아동기에 경험한 위험 요인의 수가 많을수록, 특히 4개 이상의 위험 요인을 가진 성인일수록 건강 위험이 커지는 것으로 나타났지(Felitti et al. 1998).

유소년기 부정적 경험 목록을 통해 아동기 경험뿐만 아니라 청소년기에 겪은 경험이 앞으로 우리의 건강에 어떤 영향을 미칠지에 대해 새로운 시각으로 살펴볼 수 있어.

아래에서 아동기 부정적 경험과 유소년기 부정적 경험의 차이점을 살펴보자.

유소년기 부정적 경험 목록	아동기 부정적 경험 질문지
30가지 위험 요인 평가	10가지 위험 요인 평가
사회적 불이익 관련 질문 포함	사회적 불이익 관련 질문 불포함
아동기 및 청소년기에 초점을 맞춤	아동기에 주로 초점을 맞춤
최근 새로 개발됨	연구에 사용된 근거 기반 문항임
2021년에 개발	1990년대에 개발

유소년기 부정적 경험 목록에서는 4개의 다른 영역 속 30가지 위험 요소에 초점을 맞추고, 삶 전반에서 발생한 일들을 조사하게 돼. 이렇게 폭넓게 살펴보면 사회적 불이익같이 우리에게 영향을 미칠 수 있는 부분들을 더욱 광범위하게 탐색해 볼 수 있어.

1부 나 자신의 문제 이 영역에서는 네가 직접 겪었거나 겪고 있는 정신건강, 정체성, 법적 문제 및 도전에 초점을 맞추게 돼.

2부 외부 학대 외부 학대란 네가 겪었거나 겪고 있는 신체적, 성적, 정서적 학대를 의미해. 이런 학대는 가정에서 일어날 수도 있지만, 가정이 아닌 연인 관계나 또래 관계에서 나타나는 것까지 포함돼. 신체적, 정서적 방임 또한 여기에 포함되지.

3부 가족 및 세대 구조 이 영역은 다른 가족 구성원이나 세대 구성원이 겪고 있는 문제 중 너의 건강과 안녕에 직접적, 간접적으로 영향을 주는 것들에 관한 내용이야. 예를 들어 가정폭력을 목격했거나 가족 구성원이 수감된 경우, 부모님의 남자친구나 여자친구와 관련된 문제, 가족의 친구나 확장된 가족 구성원의 문제, 집에 사는 임대인이나 거주자의 문제, 양부모님이나 후견인과 관련된 문제일 수 있어.

4부 더욱 광범위한 환경 자신이나 가족 구성원 또는 가정이 지역사회에서 불이익을 경험하고 있을 수도 있어. 네가 시간을 보내는 공동체에서 일어나는 사회적 문제, 학교 또는 교육에 대한 접근, 의식주를 구하는 문제들이곤 해. 네가 직면해야 하는 모든 법적, 정치적, 지리적 불이익도 여기에 포함시킬 수 있어.

다음 몇 장을 읽으면서 너에게 해당되는 내용에 모두 표시해 보자. 표시한 항목은 네가 이 역경을 경험하고 있거나, 지금은 일어나지 않고 있더라도 이 역경을 과거에 경험했었다는 것을 나타내. 이제 더 이상 그런 일이 일어나지 않는다는 건 다행스럽지만, 과거의 경험이 지금도 너에게 직접적인 영향을 미치고 있을 수도 있어. 작성을 마치고 나면 30개의 항목 중 몇 개에 표시했는지 세어 보자.

필요하다면 언제든
'마음의 응급처치
(p. 31)'로 이동

위험 요인의 의미: 유소년기 부정적 경험으로부터 발생 가능한 결과

아동기/유소년기 역경은 개인의 신체적, 정신적 건강과 안녕에 미칠 위험과 연결되어 있어. 위험 요소의 수와 성인기에 겪는 건강 문제 사이에는 강한 관련성이 존재해. 예를 들어 10개의 질문으로 구성된 아동기 부정적 경험 질문지에 기반을 둔 많은 연구에 따르면, 위험 요소가 4개 미만인 경우에는 4개 이상인 경우보다 일반적으로 위험 영향이 적다고 밝혀졌어. 아동기 부정적 경험과 유소년기 부정적 경험 목록을 연관 지어 보면, 유소년기 부정적 경험 목록에서 4개 이상의 위험 요소에 표시한 경우 신체적, 정신적 건강과 안녕에 미치는 위험이 더 클 수 있어.

만약 유소년기 부정적 위험 요인에 많이 노출되었거나, 경험했거나, 현재 경험하고 있는 중이라면 이것들이 너에게 미칠 수 있는 위험을 인식하는 게 중요해. 위험 요인의 수가 많을수록 다음과 같은 건강 문제와 관련이 있을 수 있어.

유소년기 부정적 경험[AYEs] 목록

나 자신의 문제(자기 자신이 괴로워하고 있는 문제)

○ 1. 물질 또는 알코올 오남용과 의존
○ 2. 정신건강 문제
○ 3. 만성 질환
○ 4. 심각한 사고나 손상의 여파
○ 5. 성지향성
○ 6. 성정체성
○ 7. 민족성, 인종 정체성, 내면화된 인종차별주의
○ 8. 법적 문제 또는 수감
○ 9. 다른 장애, 중독, 또는 자해 행동

외부 학대(가족 구성원, 파트너, 또래로부터 학대를 받고 있는 경우)

○ 10. 신체 학대(가정폭력 및 친밀한 파트너로부터의 폭력 포함)
○ 11. 성 학대
○ 12. 정서적 학대
○ 13. 방임(신체적, 정서적)

가족 및 세대 구조(다른 가족 또는 세대 구성원이 다음과 같은 문제로 괴로워하는 경우)

○ 14. 약물 또는 알코올 남용 및 의존

○ 15. 정신건강 문제

○ 16. 만성 질환

○ 17. 심각한 사고나 손상의 여파

○ 18. 가정폭력 또는 친밀한 파트너로부터의 폭력

○ 19. 주요 보호자의 별거 또는 이혼

○ 20. 법적 문제 또는 수감

○ 21. 세대 간 트라우마(가족 구성원으로부터 대물림된 트라우마)

보다 광범위한 환경(지역사회, 교육, 법적, 지리적 시스템에서 경험하고 있는 불이익)

22. 빈곤 또는 경제적 곤란

23. 인종차별, 성차별, 성소수자 차별 등 구조적 차별

24. 지역사회 폭력으로부터의 피해(혐오범죄 또는 묻지마 범죄)

25. 노숙 또는 불공정한 주거 계약, 젠트리피케이션, 집값 등의 영향

26. 집단 트라우마(문화, 인종, 민족 등 더 큰 공동체의 영향)

27. 이민 정책으로 인한 차별

28. 학교-교도소 파이프라인, 무관용 정책, 교육과정에서의 폭력(특정 문화나 역사가 교육과정에서 무시되거나 왜곡되는 경우), 학교폭력(사이버, 대면)

29. 교육과 경력에서의 지원 부족

30. 건강관리 및 적정 교육에 대한 접근 제한(역사적 적폐와 학교 분리로 인할 가능성)

표시한 위험 요인의 수를 세어서 총점을 매겨 보자.

총점: ____________________

- 알코올 중독 및 약물 남용에 관한 건강 위험
- 정신건강 문제(외상후스트레스장애, 우울증, 자살사고 및 계획, 심지어는 시도까지 등)
- 신체건강 문제(심각한 비만, 심장 질환, 암, 만성 폐 질환, 간 질환 등)

이 목록은 너를 두렵게 하려는 게 아니라, 정보를 주기 위한 내용이라는 걸 기억하길 바라.

마음에 새길 핵심 메시지

독성 스트레스는 삶의 역경들로부터 비롯된다. 그 스트레스를 어떻게 경험할지는 정해져 있는 것이 아니므로, 스트레스가 자신에게 미칠 영향을 바꾸기 위해 다르게 행동해 볼 수 있다.

활동 5

나의 생명선: 내 삶의 타임라인

알아두면 유용한 정보

너의 두드러진 경험을 큰 그림으로 보기 위해서는 한 걸음 뒤로 물러나 보면 그 경험들이 오늘날 네게 어떤 영향을 미치고 있는지 확인하는 데 도움이 될 수 있어. 가장 이른 시기에서부터 가장 최근까지 너의 삶 속 주요 사건 타임라인을 작성해보면 이 작업에 도움이 될 거야. 어떤 맥락에서는 타임라인이 균형 잡힌 내용보다는 긍정적으로나 부정적으로 쏠리는 경향을 보이기도 해. 예를 들어 역사 속 특정 시대의 주요 사건 타임라인에는 전투, 전쟁, 기근 등이 포함되곤 하지만, 각자의 삶에 대한 타임라인을 그려보라고 하면 자신이 경험한 긍정적인 사건에 중점을 두어 지나치게 장밋빛 그림을 그리곤 하지.

하지만 이 활동의 목적은 현실적이고 균형 잡힌 타임라인을 만들어 보는 거야. 좋은 일이든 나쁜 일이든, 아름다운 일이든 추한 일이든, 즐거운 일이든 고통스러운 일이든 마음속에 드러나는 모든 사건을 떠올려 보자. 네가 겪어 온 역경까지 포함해서 말이야.

나의 생명선: 내 삶의 타임라인

다음 예시는 16년이라는 짧은 시간 동안 이 지구상에서 정말 많은 일을 겪은 크리스가 작성한 타임라인이야.

출생: 쌍둥이 미숙아로 태어났지만 쌍둥이 언니는 죽음. 신생아 중환자실에 3개월 동안 입원함.

1살: 심장과 폐 문제로 병원 입퇴원을 반복함.

3살: 엄마가 자살로 돌아가심.

3살: 아빠와 함께 수상하고 무서운 동네(폭력배가 많음)로 이사 감.

4살: 아빠가 술을 많이 마시기 시작하고, 자신과 오빠들을 때리기 시작함.

5살: 아빠가 음주운전으로 감옥에 감. 고모랑 함께 살도록 보내짐.

6살: 1학년 때 고모의 남자친구에게 성학대를 당함.

8살: 오빠가 마약 판매로 감옥에 감.

9살: 폐 질환으로 한 달 동안 병원에 입원함.

11살: 아빠와 함께 작은 동네로 이사 감.

12살: 첫 연애를 시작함!

14살: 연애 상대에게 주먹으로 맞고 헤어짐.

15살: 나쁜 성적과 무단결석으로 전학 조치를 받음.

16살: 새로운 절친이 생김, 절친과 함께 댄스 그룹에 합류함.

다음 페이지에서 긍정적이든 부정적이든, 의미가 있든 괴로웠든(또는 둘 다이든), 무엇이든 너에게 중요한 방식으로 영향을 미친 사건들을 채워 넣으며 너만의 타임라인을 완성해 보자. 원한다면 유소년기 부정적 경험도 포함시켜 보자.

다음 질문을 고려해 보면 타임라인을 작성하는 데 도움이 될 거야. 삶을 돌아보았을 때, 너의 기억에서 두드러지는 순간으로는 어떤 것들이 있을까? 네가 누구인지, 어떻게 느끼는지, 무엇을 하는지, 세상을 어떻게 보는지를 조형한 사건이나 경험은 무엇일까? 다음은 타임라인에 포함될 만한 사건들을 떠올리는 데 도움이 될 만한 구체적 예시들이야.

필요하다면 언제든 '마음의 응급처치 (p. 31)'로 이동

- 가족 구성원 또는 사랑하는 사람의 출생, 질병, 또는 죽음
- 자신의 입원이나 질병
- 사는 곳이나 다니던 학교의 변동
- 취미, 스포츠, 활동 같은 새로운 무언가를 시작함
- 결승골과 같은 중요한 성취
- 부모님 또는 보호자의 별거 또는 이혼
- 해외여행이나 가족 입양 같은 독특한 경험
- 트라우마 또는 역경 경험: 신체적, 성적 학대, 사랑하는 사람의 정신건강 문제나 중독, 지역사회 폭력, 노숙, 차별, 자연재해, 전염병 대유행(유소년기 부정적 경험에서 확인된 경험들)

이제 타임라인의 긴 줄에 사건들을 추가해 보자. 각 사건마다 기억나는 당시의 연령이나 학년을 짧은 줄에 기록해 보자. 공간이 충분하지 않으면 별도의 종이를 사용해 볼 수도 있어.

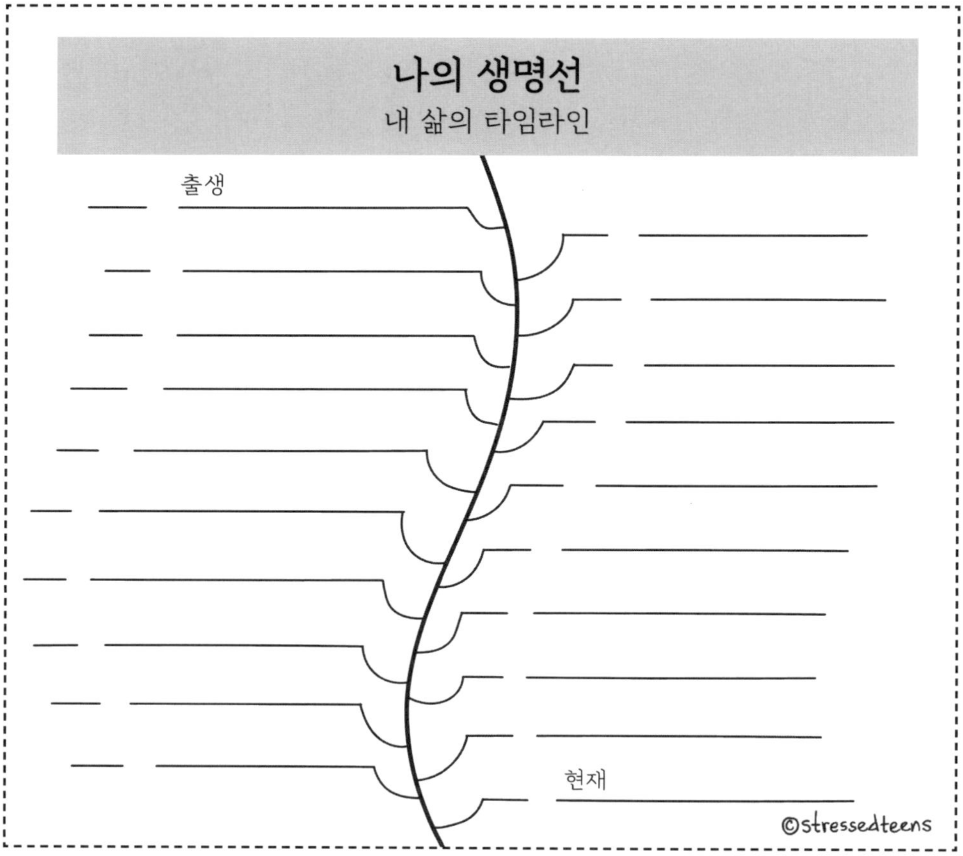

하나 더: 다시 써보기

지금까지, 너의 탄생에서부터 지금 순간까지의 삶을 돌아보며 주요 사건들을 표시해 보았으니, 이제 아래 빈 공간에 이 타임라인을 문장 단락으로 요약해 보자. 한 걸음 뒤로 물러나서 감정을 멀리 두자. 사실을 보도하는 기자처럼 정리해 볼 수도 있고, 누군가에게 네가 겪은 주요 인생 이야기를 처음부터 끝까지 3인칭 시점으로 이야기한다고 상상해 보아도 좋아.

예를 들어 크리스의 경우에는 이렇게 요약을 시작해 볼 수도 있을 거야. **크리스는 예정일보다 2개월 빠른 2005년 10월 2일에 쌍둥이로 태어났지만, 쌍둥이 언니는 출산 중에 사**

망하였다. 3개월 동안 신생아 중환자실에 머물렀다. 가족과 함께 지내기 전까지 심장과 폐 문제로 병원을 드나들었다. 3살 생일이 얼마 지나지 않았을 때, 엄마가 자살을 했다.

마음에 새길 핵심 메시지

삶의 타임라인을 작성하며 모든 중요한 순간들, 좋은 순간과 나쁜 순간, 아름다운 순간과 역경이었던 순간을 되돌아보면 자신의 인생에서 한 걸음 물러나 자신이 어디에서 무엇을 겪어왔는지 바라보는 데 도움이 된다. 나의 경험들이 나를 정의하는 것은 아니지만, 그 경험들은 내 역사의 일부이자 내가 어떤 사람이 되어왔는지에 영향을 주었다.

활동 6

역경에 대한 나의 반응

알아두면 유용한 정보

우리는 역경을 헤쳐나가고, 극복하며, 그로부터 회복할 수 있어. 우리의 선택과 행동은 역경이 우리의 건강에 미칠 영향을 크게 좌우할 수 있지. 이 점을 생각해 보자. 우리는 살아남고는 있지만 성장하고 있지는 못할 수도 있어! 우리의 안녕을 지지하는 건강하고 안전한 대처 기술과 행동은 역경이 우리에게 미치는 결과에 극적인 영향을 미치는 자원이야. 이 책 전체에 걸친 활동을 통해 역경이 우리의 건강에 미치는 안 좋은 영향을 줄여주는 행동과 기술로 우리를 무장할 수 있을 거야.

만약 네가 유소년기 부정적 경험의 여러 가지 위험 요소를 경험해 왔다면, 지금 배우는 기술과 자원을 통해 다음과 같은 것들을 배울 수 있을 거야.

- 너의 스트레스 수준이 어느 정도인지, 신체적, 정신적 건강 기능이 네가 경험했거나 경험 중인 역경으로부터 어떤 영향을 받았는지 더욱 잘 이해할 수 있을 거야.

- 그리고 지속되어 온 역경 경험과 위험 요소를 최소화하고, 가능하다면 중단시킬 수 있도록 삶 속 어디에서 어떤 변화를 만들어 낼 수 있는지도 알 수 있을 거야.
- 앞으로 배울 활동을 너의 유소년기 부정적 경험 점수가 너에게 미칠 영향을 줄이는 자원으로 사용해 볼 수도 있을 거야. (유소년기 부정적 경험 점수를 확인하려면 활동 4를 다시 참고하자.)

역경에 대한 반응: 자원이 건강에 미치는 영향

유소년기 부정적 경험에서 확인된 역경, 트라우마, 관련 위험 요소를 경험했다고 해서 너의 미래가 결정되었다는 건 아니야. 다음 그림은 자원을 사용하면 이 점수가 건강에 미치는 영향을 어떻게 변화시킬 수 있는지를 탐구한 내용이야.

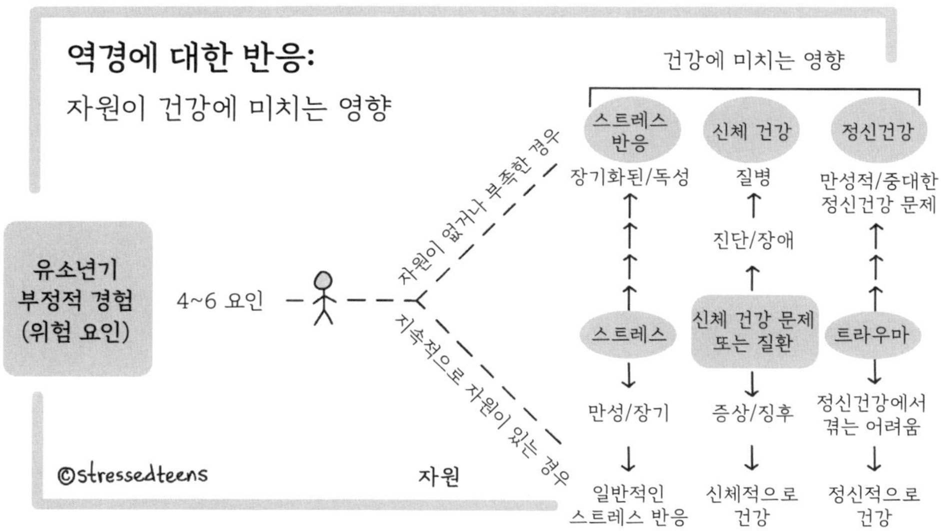

활동 4에서 다루었듯이 4개 이상의 위험 요소가 있으면 건강과 안녕에 대한 부정적 영향이 크게 증가할 수 있어. 위의 그림에 있는 사람들은 유소년기 부정적 경험 중

4개에서 6개가량의 위험 요소를 가지고 있어. 이걸 보면 얼마나 많은 자원을 가지고 있는지, 또 얼마나 많은 자원을 사용하는지에 따라 달라지는 건강에 대한 영향력을 확인할 수 있지. 여기서는 역경과는 무관한 신체적, 정신적 건강 문제를 가질 수도 있다는 걸 알아두는 게 중요해. 예를 들어 역경을 경험하지 않아도 천식을 앓을 수 있어.

역경에 대한 나의 반응: 자원 이용하기

다음 그림을 통해 자원이 건강에 미치는 영향을 확인할 수 있어.

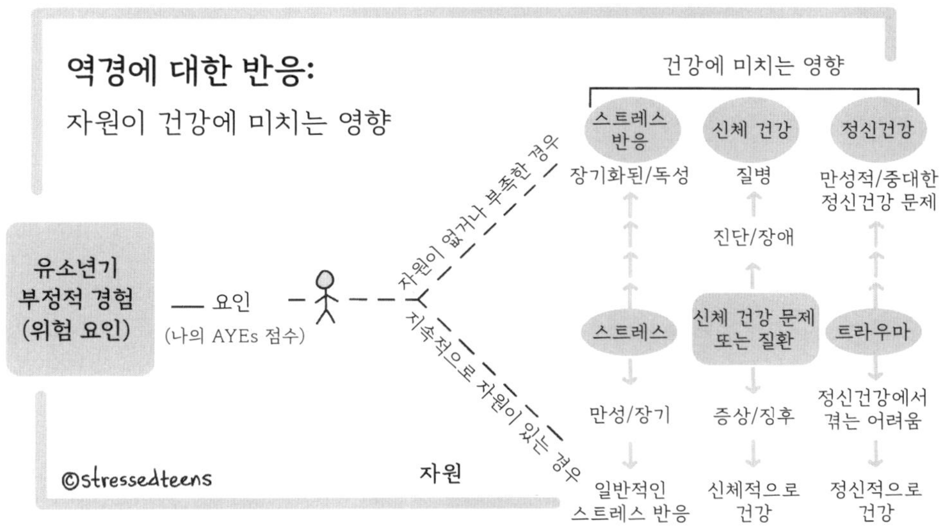

위 단어 '요인' 앞의 빈 줄에 유소년기 부정적 경험 목록의 점수를 적어 보자. '건강에 미치는 영향' 아래에는 일반적인 스트레스 반응(크게 스트레스받지 않음)부터 장기화된/독성 스트레스를 경험하는 것까지 다양한 스트레스 반응 연속선이 제시되어 있어. 너는 이 연속선의 어디에 있지? 위 그림에 ×로 표시해 보자.

신체건강 연속선에는 신체적으로 건강한 상태에서부터 건강 문제나 질병의 증상과 징후, 실제 진단이나 장애, 큰 질환을 가지고 있는 상태까지 매우 다양하게 자리하고 있어. 너는 어느 지점에 속하는지 ×로 표시해 보자.

정신건강 연속선에는 정신적으로 건강한 상태에서부터 약간의 어려움을 겪고 있는 상태, 트라우마를 경험한 상태, 정신건강 질환을 경험하고 있는 상태까지 다양하게 자리하고 있어. 너는 어느 지점에 속하는지 ×로 표시해 보자.

자원을 변화시키면 결과도 변화시킬 수 있어. 각 영역에 표시해둔 ×는 얼마나 많은 자원을 사용하는지에 따라 변화할 수 있고, 변화하게 될 거야. 자원을 학습하고 그 자원들을 일상으로 가져오면 건강과 안녕이 향상되곤 한다는 것을 분명히 해 두고 싶어.

필요하다면 언제든
'마음의 응급처치
(p. 31)'로 이동

지금 이 순간 기분은 어떻지? 여기에 대해 필요하다면 일기를 쓰거나, 신뢰할 만한 누군가와 이야기를 나눠보는 걸 고려해 보자.

하나 더: 신체형 장애

정서적으로 큰 어려움(디스트레스)에 처했을 때, 슬픔, 분노, 답답함, 불안 같은 감정이 아닌 신체 반응(심한 두통, 천식, 복통, 턱의 긴장)을 경험할 수도 있어. 그리고 이런 신체 문제가 정서적인 스트레스로부터 비롯되었다는 걸 깨닫지 못할 수도 있지. 이런 경우 신체형 장애, 즉 내적 갈등이나 스트레스 같은 정신적 요인에 의해 발생하거나 악화되는 신체 질환이나 문제가 생길 수도 있어.

사라는 심한 편두통을 앓고 있지만 원인을 몰랐다. 언니가 사라를 소아과에 데려갔고, 그다음엔 신경과에 예약을 잡았다. MRI와 CT 결과에서도 편두통에 대한 어떤 신체적 원인도 확인되지 않았다. 사라는 심리치료자를 만나기 시작했고, 자신의 편두통이 집에서 겪는 엄청난 만성 스트레스로부터 발생했다는 것을 알게 되었다. 치료자와 함께 편두통의 원인에 대해 이해하고 집에서 스트레스를 다루는 방법을 배우면서 사라의 편두통은 점점 줄어들었다. 심각한 질병이 아니란 것을 알게 되자 걱정도 줄어들었고, 편두통이 아무 이유 없이 나타난다는 것이 아니란 사실을 알게 되자 자율성을 느끼게 되었다. 조절하지 못하는 느낌도 덜 받게 되었다. 자신의 문제를 더 잘 이해하게 되었고, 자신이 미쳐가고 있다는 느낌도 덜 받게 되었다.

마음에 새길 핵심 메시지

생존하고는 있지만, 성장하고 있는 건 아닐 수 있다! 매일 자기 자신을 점검하고 스스로 물어보자. 나는 성장하고 있나? 필요하다면 안전을 지키기 위한 방법을 찾아보자. 도움이 필요하다면 책 뒷부분에 있는 '지금 당장 도움이 필요할 때'를 참고하자.

활동 7

건강한 삶을 위한 자원

알아두면 유용한 정보

건강하고 안전한 대처 기술(일명, 긍정적인 대처 기술)이란 우리의 기분을 나아지게 하고, 스트레스를 줄여주며, 문제를 다루는 데 도움이 되는 긍정적인 정신건강 알림이, 전략, 행동을 의미해. 삶에서 큰 역경을 겪은 사람, 심지어 트라우마로 이어질 정도로 심각한 경험을 한 사람도 여러 자원이 있다면 역경을 더 잘 극복하고 장기간 독성 스트레스나 질환에 걸릴 위험을 줄일 수 있어. 위험 요소가 모두 사라질 거라는 말은 아니지만, 역경을 겪은 사람에게 이런 자원이 있다면 건강과 안녕에 긍정적으로 작용할 가능성이 크다는 거야.

나의 활용 자원

다음 페이지에 나오는 '건강하고 안전한 대처 기술 100가지'를 살펴보자. 이 기술 중 어느 것이든 쓰고 있다면, 건강에 긍정적인 영향을 줄 수 있는 자원을 사용하고 있는 거야. 마음에 와닿거나 기억했다가 나중에 써보고 싶은 기술에 모두 표시해 보자.

나에게 자원이 되는 방법

건강하고 안전한 대처 기술 100가지

- ☐ 특정 지점에 착지하기(특히 스트레스받는 순간이나 과거 기억으로 인해 감정이 흘러넘치거나 정신적으로 압도당할 때).
- ☐ 주의를 아래로 내려 지금 이 순간 발이 땅에 닿아 있는 감각을 느껴 보기.
- ☐ 지금 이 순간으로 돌아오기. 지금은 몇 시지? 나는 어디에 있지? 주변 사물에 주의를 기울여 보기.
- ☐ 10까지 숫자 세기.
- ☐ "나는 사랑받을 만하다. 나는 가치 있는 사람이다. 나는 이 세상에 선물 같은 존재이다"라고 10번 반복하며 부정적인 자기 대화 대체하기.
- ☐ 엄지손가락으로 다른 손가락들 각각 만져보기.
- ☐ 발가락과 손가락을 꼼지락거려보기.
- ☐ 노래나 냄새로 인해 어떤 기억이 홍수처럼 밀려올 때, 다른 오감(시각, 청각, 촉각, 미각, 후각) 경험 중 하나로 넘어가기.
- ☐ 큰 결정을 내리거나 무엇인가에 반응하기 전에, 내가 '배화외피(배고픔, 화남/불안함, 외로움, 피곤함)'상태인지 살펴보고, 먼저 그 상태를 바꿀 수 있는지 확인하기.
- ☐ 자신이 원하는 것과 필요한 것을 잘 살펴보고, 안전한 범위 내에서 가능한 한 자주 요청하고 필요 충족시키기.
- ☐ 자해 생각, 감정, 행동을 자기 돌봄 행동으로 대체하기.
- ☐ 지금 가지고 있는 생각이 진실이고, 실제이며, 사실인지 자신에게 물어보기.
- ☐ 가장 친한 친구나 존중하는 상대에게 말하듯 나 자신과 대화해보기.
- ☐ 강아지나 새끼 고양이를 돌보듯 자신을 보살피고 챙기기.
- ☐ 지금 자신의 주변에서 나에게 이로운 것을 찾아보기. 아무리 기본적인 것이더라도 나에게 도움이 되는 무언가를 찾아보기. (예: 펜, 핸드폰, 입고 있는 옷, 커피잔, 의자).

- ☐ 즐거운, 긍정적인, 건강한 순간의 장점을 살펴보고 생각하기. 그 순간에 주의를 기울이며 음미하기. 스펀지에 물이 스며들 듯 그 순간에 젖어 들기.
- ☐ 부정적인 생각이 떠오르면 잘 오염되지 않는 미끈한 기름종이가 되고, 긍정적인 생각이 떠오르면 찍찍이가 되어 착 달라붙기.
- ☐ 유익한 경험은 간직하고, 마음을 열고 받아들여 나의 든든한 자원으로 삼기.
- ☐ 자신을 가장 우선으로 두고 제일 먼저 고려하기. 이는 이기적인 행동이 아님!
- ☐ 필요한 상황에는 내 경험의 주인이 되어 책임지기.
- ☐ 상대방이 할 수 있는 것보다 내가 더 많이 기대하고 있는 건 아닐지? 자신의 기대치를 조정하려고 노력하기.
- ☐ 만약 그 상황이 멋지게 굴러간다면? 어떨지 상상해 보기.
- ☐ 나 자신을 사랑할 수 있는 힘이 곧 나의 초능력이다.
- ☐ 통제할 수 있는 것과 없는 것을 알아차리고, 내가 통제할 수 있는 일이라면 직접 조정하기.
- ☐ 언제든지 하루를 다시 시작할 수 있다. 바로 지금, 이 순간부터!
- ☐ 매일매일이 무언가를 다르게 시도해 볼 새로운 기회다.
- ☐ 짐을 가볍게 하자. 가능하다면 내가 지고 있는 돌덩이를 내려놓자.
- ☐ 자신에게 큰 슬픔을 허락하자. 슬픔은 치유를 돕는다.
- ☐ 자신의 느낌이 무엇인지 알려줄 사람도, 없애줄 사람도, 다른 느낌으로 바꿔줄 사람도 없다.
- ☐ 나를 꼼짝 못 하게 만드는 정신적인 장애물에 대해 알아보기.
- ☐ 있는 그대로의 고통과 함께하기. 괴로움을 더하거나, 악화시키지 않으려고 노력하기.
- ☐ 누구의 문제일까? 내 문제일까? 아니면 다른 사람의 문제일까?
- ☐ 선택을 내리고, 행동으로 옮기는 과정을 신중하게 판단하기.
- ☐ 자신을 정신적으로 괴롭히지 않기. 그런다고 해결되는 건 아무것도 없다!
- ☐ 내 문제에 대한 해답이 그저 받아들이는 것일 수도 있다.
- ☐ 자신의 감정을 있는 그대로 느껴 보기.
- ☐ 내가 쓴 이야기에 갇혀있는 건 아닐까? 새로운 페이지를 시작해 보기.
- ☐ 직감이 들려주는 말에 귀 기울여 보기.
- ☐ 필요한 순간에는 건강한 경계를 설정하기. 다른 사람뿐만 아니라 나 자신과의 관계에서도 마찬가지.

- ☐ 일 처리는 한 번에 한 가지씩만 하기.
- ☐ 지금 이 고통에는 나름의 이유가 있다. 고통에 귀 기울여 보기.
- ☐ 변화에는 시간이 걸리는 법. 조금씩 천천히 하기.
- ☐ 늘 하던 방식에서 벗어나 보기.
- ☐ 필요하다면 "나는 충분하다. 나는 재능도, 결함도 지니고 있고, 이 모두를 지니고 있는 나 자신에게 감사하다!"라고 반복하기.
- ☐ 필요하다면 "허용하고, 내려놓고, 놓아주자!"라고 반복하기.
- ☐ 민감하다는 건 약점이 아니라 강점이다.
- ☐ 괜찮지 않더라도 괜찮다.
- ☐ 취약함은 수치심의 해독제다.
- ☐ 자기 사랑과 자기 돌봄은 자기 관리의 한 가지 방법이다.
- ☐ 고통은 성장의 지표일 수 있다.
- ☐ '아직'의 다른 표현은 '자격은 충분하다'이다. 다른 이와 마찬가지로 나도 모든 것을 누릴 자격이 있다.
- ☐ 정직하게, 마음을 열고, 기꺼이 하고 있는지 자기 자신에게 물어보기.
- ☐ 나아가기 위한 유일한 길은 뚫고 나아가는 것이다.
- ☐ 갇혔다고 느낀다면 밝혀내고, 찾아내고, 버리는 걸 고려해 보자.
- ☐ 감사하기는 행동이다.
- ☐ 내가 나 자신을 대하는 것보다 더 나은 대접을 해줄 누군가를 기대할 수는 없다.
- ☐ 결과에 집착하기보다는 희망에 집중하기.
- ☐ 기대에는 실망감이 뒤따른다.
- ☐ 나에 대한 다른 사람의 생각은 내 소관이 아니다.
- ☐ 큰 접시보다 작은 접시를 먼저 놓기. 작은 것부터 시작하기.
- ☐ 다양성을 받아들이고 인정해야 이해를 구하고 의미를 만들어나갈 수 있다.
- ☐ 항상 안전을 최우선으로 여기기.
- ☐ "안 돼"는 완전한 문장이다.
- ☐ 나를 방전시키고 지치게 만드는 사람들보다 나를 성장시키고 응원하는 사람들과 시간 보내기.
- ☐ 모든 순간은 새로 시작해 보거나, 다르게 시도해 볼 수 있는 새로운 기회다.
- ☐ 예전부터 해왔던 행동이라는 이유만으로 그 행동을 다시 할 필요는 없다.
- ☐ 파괴적인 행동 패턴을 반복하는 걸 알아차리고 그것에서 벗어나기.

☐ 두려움이란 때로는 거짓된 증거들이 실제처럼 보이는 것.
☐ 절망 대신 희망을 지니려 애써보기.
☐ 아무것도 안 하는 대신 행동하려고 노력하기.
☐ 완벽하게 불완전한 자신을 축하하고, 자신의 강점, 재능과 자질을 포용하기.
☐ 필요하다면 전문가의 도움을 구하고 받기.
☐ 조언의 출처가 어딘지 충분히 생각하기.
☐ 나보다 나 자신을 더 소중히 여길 사람은 없다.
☐ 과거의 실수를 통해 배우고 반복하지 않기 위해 노력하기.
☐ 건강하지 않은 상황이나 관계에서 벗어나기.
☐ 어떤 일의 장점과 단점, 그리고 감정 소모를 고려하기.
☐ 생각이나 느낌에 따라 행동하기 전에 잠시 멈추기.
☐ 내려놓기와 용서하기가 아무 일도 없던 것으로 돌린다는 의미는 아니다.
☐ 용서는 나 자신을 위한 것이지, 다른 그 누구를 위한 것도 아니다.
☐ 부정적인 대처 행동은 문제를 해결해 주진 않는다. 대개는 문제를 더 악화시킨다!
☐ 마음과 몸이 알려주는 위험 신호에 주의를 기울이기.
☐ 나의 가치와 의견은 의미가 있고 중요하다.
☐ 점진적인 성공을 축하하기.
☐ 고통은 필연적이지만 스트레스는 선택이다.
☐ 바로 지금 내가 감사한 일 다섯 가지 떠올려 보기.
☐ 역경과 힘겨운 시간 속에서도 인내심을 갖고 나아가기.
☐ 나의 과거가 나를 정의하거나 내 미래를 결정하는 건 아니다.
☐ 안 좋은 상황에서 벗어나기.
☐ 격려나 도움이 필요할 때는 신뢰하는 사람들을 떠올려 보기.
☐ 걱정하는 대신 주의를 기울이고 계획하기.
☐ 자기 의심이 들 때는 그 일을 해낼 때까지 자신을 믿는 척해보기.
☐ 내 한계를 정하는 최악의 존재가 바로 나 자신은 아닐지 스스로에게 물어보기.
☐ 완벽함은 존재하지 않는다.
☐ 자신을 가혹하게 대했을 때 좋을 일은 하나도 없다.
☐ 너무 많은 사람을 믿는 것과 아무도 믿지 않는 것, 그 중간에 균형점이 있다.
☐ 맞닥뜨린 어려움을 회복탄력성과 함께 인내심을 갖고 극복해보자!
☐ 바로 지금 모습 그대로도 충분히 좋다. 나 자체로도 충분하다!

앞서 본 건강하고 안전한 대처 기술 중 어떤 것이든 활용해 보면 사는 게 힘들어질 때, 실제로 괴로운 순간이 닥쳤을 때, 감정이 격하게 올라올 때 도움이 될 거야. 또한 과거의 고통이 떠오르거나, 트라우마를 겪고 있거나, 지금 처한 스트레스와 역경에 대해 생각하게 되는 바로 그 순간도 이러한 대처 기술을 떠올리고 활용할 때야.

하나 더: 내가 쓸 건강하고 안전한 대처 기술 열 가지 고르기

마음 한 걸음 더 돌보기

목록을 읽으면서 표시했던 기술 중 어떤 것들을 나중에 바로 사용해볼 수 있을까? 여기에 자신만의 순위를 매겨 1위부터 10위까지 적어 보자. 그런 다음 이 기술들을 떠올려야 할 때 언제든지 찾을 수 있도록 사진을 찍어두자.

이 워크시트는 https://kcbs.ne.kr/books에서 추가로 다운로드할 수도 있어.

마음에 새길 핵심 메시지

건강하고 안전한 대처 기술을 매일 사용해보자! 내가 고른 건강하고 안전한 대처 기술 10가지를 검토하고 적용해 보는 걸 잊지 말자.

내가 고른 건강하고 안전한 대처 기술 순위

1.

2.

3.

4.

5.

6.

7.

8.

9.

10.

©stressedteens

활동 8

더 자세히 알아보기: 트라우마가 삶에 미치는 영향

알아두면 유용한 정보

트라우마는 스트레스 정도가 대처하거나, 관리하거나, 처리하는 능력을 넘어설 정도로 압도적일 때 일어나는 결과야. 때론 청소년기에 겪은 부정적인 경험의 영향을 트라우마로 겪게 될 수도 있어. 신체적 트라우마란 성적이나 신체적 학대, 약물 사용이나 남용, 흉터가 남거나 베이거나 화상을 입는 것처럼 몸에 심각한 손상을 입는 걸 의미해. 심리적 트라우마는 고통스러운 사건으로 인해 마음이 다치고, 제 기능을 못하게 되고, 충격을 받는 걸 말해.

트라우마: 눈에 보이는 것과 보이지 않는 것

멍이나 흉터는 눈에 보이지만, 정서적인 충격은 내면 깊숙이 자리하여 눈에 보이지 않기 때문에 다뤄지지 못하는 경우가 많아. 제이와 레티의 이야기를 들어보자.

> 제이는 입술이 부어오르고 왼쪽 눈가가 보랏빛으로 변한 채 등교했다. 그러자 친구가 다가와 무슨 일이냐고 물어보았다. 레티는 별일 없이 쾌활해 보이는 상태로 등교했고, 아이들과 이야기하며 안부를 묻기도 했다. 레티의 파트너가 너에게도 좋을 거라며 다른 사람과의 잠자리를 강요했다는 사실을 다른 아이들은 알지 못했다. 레티는 원치 않았음에도 파트너와 관계를 유지하기 위해 그렇게 했다.

레티의 경우처럼 친밀한 파트너의 폭력, 성적 또는 정서적 학대의 영향은 밖으로 드러나 보이지 않을 수도 있어. 그리고 둘 모두의 경우처럼 자신의 힘든 경험으로 인해 트라우마를 겪을 수도 있지.

자신의 경험을 알아가는 과정은 고통스러울 수 있어. 트라우마를 인식하게 되는 그 순간에는 감당하기 어려울 정도로 큰 고통과 아픔을 겪을 수 있기 때문에, 사람들은 자신을 보호하고자 트라우마를 겪고 있거나 겪었다는 사실을 깨닫지 못하기도 해.

고통을 의식하지 않고 회피하는 게 더 쉬워 보일 수 있어. 하지만 고통을 마음속 깊은 곳에 묻어두기만 한다면, 원치 않더라도 트라우마를 비롯한 고통스러운 기억이나 경험, 그리고 그로 인한 여파들이 결국에는 드러나게 되는 필연적인 상황이 오히려 길어지는 경우가 많아. 트라우마를 다루고 치유하는 작업을 하지 않으면, 안전한 상황에서 일찍 트라우마를 다루는 경우보다 장기적인 고통이 훨씬 더 심해지는 경우가 많아.

안전지대를 찾아 머무르기

필요하다면 언제든 '마음의 응급처치(p. 31)'로 이동

딱지를 억지로 뜯으면 치유되는 데 오래 걸리듯, 너무 고통스러울 때는 트라우마로 인한 정서적 상처를 뜯어서는 안 돼. 트라우마를 치료할 때 주의할 점은, 정신적으로나 신체적으로 안전한지를 확인해야 한다는 거야. 만약 안전하지 않다면 트라우마 작업을 무리하게 진행하지 않는 게 좋아! 필요하다면 활동 3의 '안전 점검'을 사용해 보자. 원한다면 언제든 책 뒷부분에 있는 자료를 참고할 수도 있어.

자기 자신이나 아는 사람이 안전하지 않다고 생각되는 경우(예를 들어, 신체적 또는 성적으로 해를 입고 있는 경우)나, 자기 자신을 해치고 싶다는 생각이 들고 그 위험이 임박한 경우라면 119에 전화하자. **그리고** 책 뒷부분에 나와 있는 '지금 당장 도움이 필요할 때' 부분을 바로 펼치자. 모쪼록 후회하기보다는 안전하기를 바라. 너의 안전을 먼저 생각하고, 네가 안전한 상태에서 지내기를 바라기에 이러한 절차를 반복해서 안내하는 거야.

나의 트라우마 찾기

필요하다면 언제든
'마음의 응급처치
(p. 31)'로 이동

'유소년기 부정적 경험 목록(활동 4)'과 '나의 생명선: 내 삶의 타임라인(활동 5)'에 적었던 내용을 다시 살펴보자. 여기에 기록해도 안전하다고 여겨진다면, 그 내용 중 어떤 것이 트라우마를 유발했다고 느끼는지 적어 보자.

하나 더: 지금 기분이 엉망이라면

트라우마에 대해 이야기하고 글을 쓰다 보면 자신의 여러 감정들을 느낄 수 있어. 정신적으로나 감정적으로 기운이 빠지고, 무기력해지고, 지치는 느낌 같은 것들을 받을 수도 있지. 이러한 정서적인 고통을 완화하기 위해 자신의 건강에 도움이 되는 활동을 하거나 주의를 전환시킬 수 있는 건전한 활동을 실천해 보길 바라. 가장 친한 친구와 어떻게 함께 있어 주는지, 반려동물을 어떻게 대하고 돌보는지 떠올려 보고, 자기 자신에게도 그와 마찬가지로 함께 있어주고, 지지해주고, 격려해주고, 사랑을 주어 보는 거야.

때때로 사람들은 가장 친한 친구나 사랑하는 반려동물을 대하는 방식으로 자기 자신을 대할 수도 있다는 사실을 깨닫지 못하는 경우가 많아. 더 많은 아이디어가 필요하다면 이 책의 첫 번째 단원에 있는 **자기 돌봄 활동**의 내용을 참고해도 좋아. 책 뒷부분에 있는 빈 기록지를 활용해 볼 수도 있어. 기록지가 더 필요하다면 https://kcbs.ne.kr/books에서 다운로드할 수 있어.

마음에 새길 핵심 메시지

마음을 닫아야 할 때 닫을 방법도 갖추지 못한 채 무조건 마음을 열어야 한다는 것은 아니다. 자신과 자기의 삶에 대해 알아보고, 발견하고, 밝혀낼 때는 자기 자신을 온화하고, 연민 어린 태도로 대하는 것이 중요하다.

활동 9

트라우마 반응

알아두면 유용한 정보

첫 번째 활동에서 살펴보았듯이 인체는 매우 신비로워. 인체의 최종 목표는 균형을 유지하는 것이고, 균형이 맞지 않으면 우리에게 경고를 보내지. 발가락을 부딪쳤을 때는 그걸 신체적으로 느끼기에 인지할 수 있다는 점을 떠올려 봐. 하지만 트라우마는 (수완 좋게) 교묘하고, (너무 복잡해서) 이해하기 힘들고, (생명과 건강에 영향을 미치기에) 강력하지. 트라우마가 있으면 내 몸과 마음이 실제로 일어나는 일의 특정 현실을 받아들이지 못할 수도 있어. 이는 나 자신을 보호하기 위함이지. 이럴 때는 트라우마가 신체적, 정서적인 면에서 어떤 방식으로 나타날 수 있는지 살펴보면 도움이 될 거야.

트라우마와 PTSD

끔찍한 사건을 목격해서 트라우마를 경험한 사람은 외상후스트레스장애post-traumatic

stress disorder[PTSD]라는 정신건강 질환에 걸릴 수 있어. 트라우마(외상) 사건을 직접 겪은 경우에도 기능 수준에 너무나도 심각한 장애를 일으키는 증상, 즉 PTSD를 겪을 수 있어.

트라우마 사건을 경험한 사람은 다른 이들과 대화를 나누고 건강한 행동을 실천하면 훨씬 나아질 수 있다고 해. 만약 나 자신이나 또 다른 누군가가 PTSD를 앓고 있다고 생각되면 가까운 곳에 있는 정신건강전문가와 상의하거나, 이 책에 소개된 '지금 당장 도움이 필요할 때'를 활용하길 바라. 그렇게 하면 급성 스트레스 장애가 PTSD로 이어지는 것을 막을 수도 있어.

트라우마와 PTSD의 경고 신호

트라우마나 PTSD의 경고 신호는 즉각적으로 나타날 수도 있지만 때론 뒤늦게 나타날 수 있어. 지속시간 또한 짧을 수도, 길 수도 있어. 트라우마나 PTSD를 경험한 사람 중 많은 이가 치유될 수 있어. 그리고 많은 경우 이들이 보이는 반응은 정상적이고 예상되는 것들이야. 이러한 트라우마 반응은 일반적으로 시간의 흐름, 주위의 도움이나 지원, 사용 가능한 자원(예: 이 책에 나오는 내용)을 통해 완화될 수 있어. 다음은 네 가지 유형으로 나눈 트라우마 경고 신호들이야.

필요하다면 언제든 '마음의 응급처치 (p. 31)'로 이동

- **침습 기억**: 트라우마 사건에 관해 반복해서 떠오르는 원치 않는 기억. 마치 사건이 지금 다시 일어나고 있는 것 같은 느낌을 생생하게 받음.
- **회피**: 사건을 생각나게 하는 장소, 사물, 사람을 피하려고 노력함.
- **사고 및 기분의 부정적인 변화**: 무력감이나 절망감을 느끼거나, 즐겼던 일에 흥미를 잃거나, 무관심해지거나, 인간관계에 문제가 생기고, 집중하는 데 어려움이 생김.
- **신체적, 정서적 반응의 변화**: 수면 장애, 식사의 변화, 자해 행동(들)을 하게 됨.

이 목록은 트라우마 반응을 전반적으로 포함하고 있지만, 모든 반응을 나열한 건 아니야.

너의 삶에도 트라우마로 남을 만한 사건이 있었을까? 없다면 다음 장으로 넘어가면 돼. 만약 있었다면, 위의 경고 신호 중 어떤 것을 경험했거나, 경험하고 있는지, 그리고 그 경험이 어땠는지, 또는 어떤지 너 자신에게 물어보자. 너의 경험 중 적어두어도 편안하다고 느껴지는 내용들을 포함해서 여기에 적어 보자.

침습 기억: ______________________________

____

____

____

회피: ______________________________

____

____

____

사고 및 기분의 부정적인 변화: ______________________________

____

____

____

신체적, 정서적 반응의 변화: ______________________________

____

____

____

하나 더: 트라우마와 PTSD를 알아보는 미묘한 반응

자신의 생각과 느낌이 어떤지 알더라도, 자신이 트라우마를 경험하는 방식이 어떤지는 늘 명확하거나 분명하게 알지 못할 수도 있어. 정서적으로 어떤지 모를 수도 있고, 행복하다, 슬프다, 화난다, 걱정스럽다 등 사람들이 흔히 사용하는 단어로는 표현할 수 없는 기분이 들 수도 있어.

트라우마를 경험했거나 PTSD 가능성이 있는 경우 사람들이 느끼는 것들을 표현한 다음의 예들을 읽어보고, 자신에게 해당하는 항목을 표시해 보자.

- □ 정보를 생각하거나 기억하려고 할 때 머리가 텅 빈 것 같음
- □ 방금 생각하고 있던 것에 대해 자주 잊어버림
- □ 마치 그 일에 대해 아무 느낌도 없는 것처럼 무감각함
- □ 무슨 일이 일어나고 있는지 혼란스러움
- □ 이전에 겪었던 일처럼 느껴지는 데자뷰(기시감)
- □ 그 자리에 있긴 하지만, 무슨 일을 하고 있든 그 순간에 존재하지 않고 있는 것처럼 멍하고 현실감이 없음
- □ 직감적으로 뭔가 잘못되었다는 느낌이 듦
- □ 몸이 무겁거나, 무거워지는 느낌이 듦
- □ 소리를 들었을 때 놀라거나 불안해함
- □ 지치거나 피곤함
- □ 평소보다 더 감정적임
- □ 평소와 다른 기분이 듦
- □ 무언가 옳지 않거나, 안전하지 않거나, 괜찮지 않다는 느낌이 듦
- □ 몸이 따끔거림
- □ 사람들이 물러서서 나만의 공간을 내어주길 바라는 듯한 '까칠한' 기분 상태

트라우마에 대한 자신의 직접적이면서도 미묘한 반응 방식을 알고 나면 그로부터 유용한 정보들을 얻게 될 거야.

마음에 새길 핵심 메시지

강렬한 감정적 또는 신체적 반응을 느낀다면, 자신을 지금 이 순간으로 데려오도록(정향하도록) 노력해보자. "지금은 몇 시지? 나는 지금 어디에 있지?"라고 자신에게 물어보며, 주변에 있는 것들에 주의를 기울이자.

활동 10

부정적 대처와 자해 행동

알아두면 유용한 정보

부정적 대처 행동(부정적 대처 기전이라고도 함)이란 그 사람의 문제나 고통에 어느 정도 도움이 되는 것처럼 보일지라도 실제로는 그렇지 않은 행동을 의미해. 이러한 행동은 장기적으로 보면 문제를 해결하거나 고통을 완화하는 데 유용하지 않기 때문에 대처 기술이 아닌 대처 행동이라고 불러. 역경을 겪는 사람은 주위 사람들로부터 그렇게 하는 걸 배워서, 또는 그 행동이 어떤 관심, 애정, 일시적인 안도감이라도 얻을 수 있었던 유일한 방법이었기에 그런 대처 행동을 하게 되었을 거야. 부정적 대처 행동은 종종 위험하고 자신의 건강과 안녕에 해롭기에 자해 행동으로 간주되거나 일컬어지기도 해.

부정적 대처와 자해 행동

건강에 좋지 않거나, 부정적이거나, 자기 자신을 해치는 것으로 여겨지는 모든 행동을 살펴보는 것이 중요해. 많은 사람들이 그러하듯, 긍정적인 대안을 알지 못하거나, 일시적으로 자신을 달래거나 감정을 다스릴 수 있단 이유만으로 건강에 해로운 방법에 의지하고 있을 수도 있어. 물론 모르는 게 약은 아니야. 자신의 삶과 안녕을 향상시킬 더욱 긍정적이고 건강한 행동을 의식적으로 선택하는 첫걸음은, 스트레스, 역경, 트라우마에 건강하지 않은 방식으로 대처하는 경향을 점점 더 많이 알아차리는 거야.

필요하다면 언제든 '마음의 응급처치(p. 31)'로 이동

마음 한 걸음 더 돌보기

다음은 위험한 자해 행동을 나열한 목록이야. 한 번 읽어보고, 안전하다고 느껴진다면 자신이 과거에 했거나 현재 하고 있는 행동에 동그라미로 표시해 보자.

알코올이나 약물 사용 및 남용

방에서 나가지 않고 자신을 고립시킴

담배나 전자담배를 피움

자신의 몸에 상처 내거나 화상을 입힘

피부에 단어나 기호를 새김

신체나 피부에 물건을 꽂음

과식하거나 폭식을 함

적게 먹거나 먹지 않음

식사 후 토하거나 먹은 걸 제거하는 행동을 함

운동을 과도하게 함

소셜 미디어나 게임에 아주 많은 시간을 씀

도박을 과도하게 함

너무 많이 자거나, 부족하게 잠

물건을 훔침

거짓말을 하거나 숨김

나를 우울하게 만드는 사람들과 어울림

나에게 도움을 주는 사람과 시간을 보내지 않음

위험한 성행위(예: 여러 사람과 성관계를 갖거나, 피임하지 않고 관계 갖기)를 함

무언가를 때리거나 주먹으로 쳐서 자신이나 다른 사람에게 해를 입힘

자신을 위험한 상황에 빠뜨림

머리카락을 뽑거나 피부를 긁음

싸움에 뛰어듦

쇼핑을 과도하게 함	자기 파괴 행위(예: 시비를 걸거나, 도와주려는 사람을 밀어냄)를 함

너를 부끄럽게 하거나 네게 더 큰 고통을 주기 위한 목록이 아니라는 걸 기억하자. 오히려 네게 해로울 수 있는 대처 방식을 인식하는 데 도움을 주기 위한 목록이야. 일단 알아차려야 행동 변화를 시작할 수 있고, 역경이나 독성 스트레스, 고통을 다루고 대처할 수 있는 더 건강하고 안전한 방법이나 실제로 도움이 되는 방법을 찾아볼 수 있어. '건강하고 안전한 대처 기술 100가지' 목록을 다시 살펴보고 이 행동 중 하나를 대체해 보자.

하나 더: 자해 추적 일지

앞선 목록에서 표시했던 행동 중 하나를 선택해서, 그 행동을 하고 싶을 때마다 다음 안내에 따라 **자해 추적 일지**를 작성해보자. 충동이 올라오는 그 순간에 추적 일지를 작성하는 것이 바람직하지만, 그 위험 행동을 한 다음에도 작성할 수 있어. 나중에 작성하는 경우에는 기억나는 대로 최대한 많이 적어 보자.

- 날짜와 대략적인 시간 적기.
- 상황 서술하기: 무슨 일이 일어났는지, 언제였는지, 어디에 있었는지, 거기에 누가 있었는지 등.
- 충동을 느끼는/느꼈던 유해하거나 위험한 행동 찾기.
- 순간 일어나는/일어났던 어떤 생각이든 적어보기.
- 순간 떠오르는/떠올랐던 어떤 감정이든 적어보기.
- 잠깐 멈추기. 행동으로 옮기기 전에 잠시 시간을 내어 멈추기. 자신의 신체 감각, 생각, 감정에 주목하기. 잠깐 멈추었다가 무엇을 하고 싶은지 적기.
- 그 결과로 나타난 새로운 감정이나 생각을 적어보기

이 내용은 111페이지에 추적 일지에 작성해보거나, https://kcbs.ne.kr/books에서 추적 일지 양식을 다운로드할 수도 있어. 다음은 완성된 추적 일지 예시야.

자해 추적 일지

요일 및 시간: 수요일, 정오

상황: 학교 점심시간에 남자친구가 내가 바보같이 군다고 말함.

유해한 행동	학교를 빠져나와 방에 숨어 약을 먹고 감정을 무감각하게 만들고 싶을 뿐이다.
그 순간의 나의 생각	내 남자친구 말이 맞다. 나는 멍청하기에 좋은 것이든 좋은 사람이든 내 곁에 둘 자격이 없다.
그 순간의 나의 감정	너무 많은 감정들. 부끄럽고, 불안정하고, 슬프고, 나 자신에게 화가 나고, 외롭다.
잠깐 멈추고 난 뒤, 일어나는 현상	남자친구에게 걔가 나를 어떻게 느끼게 했는지, 그리고 그게 새아빠와 관련된 무얼 자극했는지 말해주고 싶다. 항상 힘이 되어주는 친구 샘에게 연락해보고 싶다. 일기를 써 봐도 좋을 거 같다.
나의 새로운 생각과 감정	나 자신을 고립시키고, 약을 먹는다고 해서 나아지는 것은 아무것도 없다. 기분만 더 나빠질 뿐이다. 누가 나에게 그렇게 말했다고 해서 내가 바보가 되는 건 아니다. 나는 여러 면에서 똑똑하고, 나에게는 나를 사랑하고 지지해 주는 사람들이 있다.

자해 추적 일지

요일 및 시간: ______________________________

상황: ______________________________

유해한 행동	
그 순간의 나의 생각	
그 순간의 나의 감정	
잠깐 멈추고 난 뒤, 일어나는 현상	
나의 새로운 생각과 감정	

마음에 새길 핵심 메시지

사람은 자동 조종모드에 놓인 것처럼 자신이 알고 있던 대로 행동하는 경향이 있다. 하지만 역경이나 트라우마에 노출된 적이 있거나 다른 사람이 건강하지 않은 자해 행동을 하는 것을 목격한 적이 있다면, 이 경향이 자신의 건강과 안녕에 해롭게 작용할 수 있다. 알아차리는 것은 더 건강한 행동을 취하기 위한 첫 번째 단계이다. 행동하기 전에 먼저 알아차리자. 자신의 내면과 주위에서 무슨 일이 일어나고 있는지 살피자.

활동 11

자원이 없으면 건강에 해롭다

알아두면 유용한 정보

활동 6에서 확인했던 역경에 대한 반응을 되돌아보면, 자원이 거의 또는 전혀 없으면 스트레스 상태와 건강 측면에서 부정적인 영향을 받는다는 것을 알 수 있을 거야. 이런 경우 건강하지 못한 해로운 대처 방법을 선택하기 때문이지. 자해 행동 외에도 사람들은 자기 자신을 상처 입히는 생각과 기분을 가지고 **차단 행동**을 할 수 있어. 차단 행동이란 괴로움과 스트레스를 견디기 위해 하는 행동인데, 건강에 좋지 않거나 자동으로 하게 되는 행동을 말해. 눈에 보이는 타박상과 달리, 이러한 생각과 감정은 분명히 보이는 것이 아니기에 다른 사람들이 알아차리지 못하는 경우가 많아.

자해 생각, 감정, 행동 사이의 관계

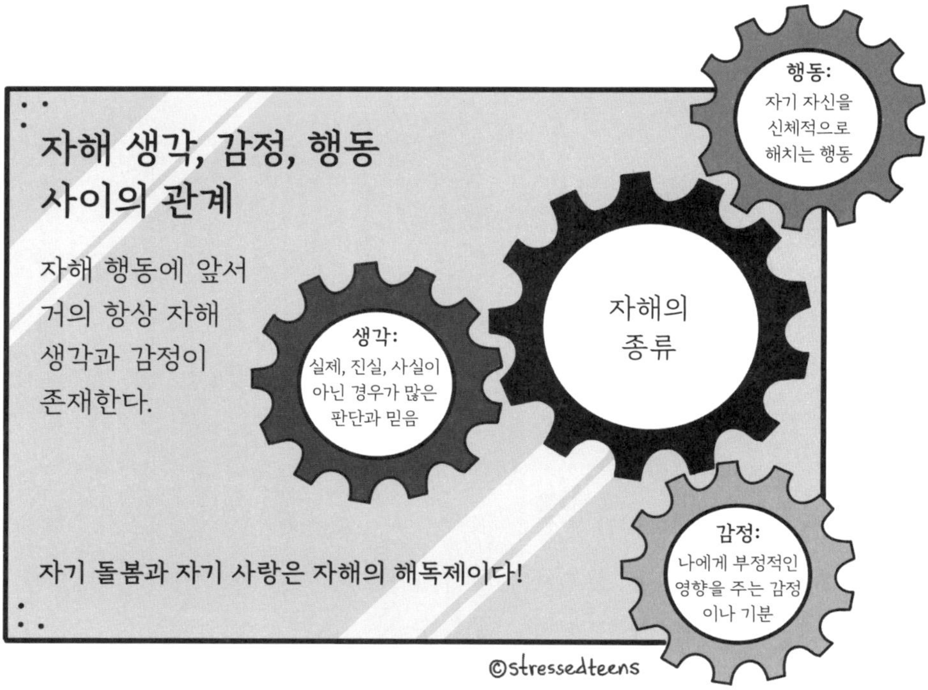

자해란 자신의 행동, 생각, 감정을 통해 신체적으로나 정서적으로 자신을 해치는 행위야. 잠시 시간을 내어 그림을 살펴보자. 자해에는 세 가지 유형이 있어. **자해 생각**은 실제나 진실, 사실에 근거하지 않은 자신이나 사람, 장소, 사물, 사건이나 상황에 대한 판단과 믿음이야. **자해 감정**은 슬픔, 속상함, 좌절감, 분노, 화, 비참함, 압도되는 느낌, 불안, 걱정, 우울 등, 신체 및 정서적 상태와 전반적인 건강에 부정적인 영향을 미치는 감정을 말해. **자해 행동**은 신체적으로 해를 끼치므로 자해 생각이나 감정보다 더 심각할 수 있어. 자해 생각과 감정(판단, 감정, 기분, 믿음)이 자해 행동보다 먼저 나타나는 경우가 많아.

필요하다면 언제든 '마음의 응급처치(p. 31)'로 이동

자해 생각이나 감정은 자동차의 방향 지시등과 같아. 자해 생각이나 감정이 문제(자해 행동)로 이어지기 전에 이러한 방향 지시등에 주의를 기울인다면 다른 행동을 시작할 수 있어. 하지만 방향 지시등에 주의를 기울이지 않으면 매우 심각한 문제가 발생할 스 있지.

참고: 자해 생각과 감정이 들더라도 자해 행동은 하지 않을 수도 있어. 자해 생각이나 감정이 든다는 게 반드시 자해 행동을 하게 된다는 것도 아니야.

너는 어떤 자해 생각과 감정을 가지고 있지? 여기에 한번 적어 보자.

1단원의 '안전 유지하기' 부분을 다시 살펴본 다음, 안전을 점검해야 할지 고려해 보자. 자해 생각과 감정에 자주 영향을 미치고, 자해 행동을 하고 싶은 욕구를 유발하는 사람이나 상황 사이의 연관성을 찾아낼 수 있을지도 몰라.

하나 더: 차단과 행동-감정의 반창고

차단 행동은 고통과 스트레스를 줄여주는 것처럼 보이지만 실제로는 그렇지 않아. 대부분 건강하고 안전한 대처 기술이 없을 때 우리는 차단 행동을 쓰게 되는데, 차단 행동으로 인해 정서적, 신체적인 타격을 받을 수 있어. 다음은 사람들이 흔히 쓰는 차단 행동 목록이야. 이 중 네가 신체적, 정서적인 고통을 느낄 때 하거나 해 본 적이 있는 차단 행동에 표시해보자.

필요하다면 언제든 '마음의 응급처치(p. 31)'로 이동

- □ 정서적, 신체적 고통을 부정하거나 무시하기
- □ 문제나 고통을 밀어내기
- □ 사회적으로 고립되기(예: 세상과 마주하지 않기 위해 침대 커버를 머리 위로 끌어당김)
- □ 부정적인 자기 대화하기(예: "나는 실패자야. 나는 사랑스럽지 않아. 나는 가치가 없어.")
- □ 죄책감이나 부끄러움 느끼기
- □ 자신의 잘못이 아닌 상황에 대한 비난을 받아들이기
- □ 어느 정도 책임이 있는 상황에 대해 책임지지 않기
- □ 문제 부정하기
- □ 누군가가 나에게 한 일을 부정하기
- □ 필요한 조치를 취하지 않음
- □ 자신을 불쌍하게 여김(예: 신세 한탄 모임에 자신을 내던지기)
- □ 상대방이 줄 수 있는 것보다 더 많은 것을 기대하기
- □ 자신의 경험이나 고통을 최소화하거나 과소평가하기(예: "다른 사람들은 나보다

훨씬 더 심하게 겪는 걸"이라고 말함).

□ 문제나 고통에 집착하기(예: 전 애인의 소셜 미디어 계정을 반복적으로 확인함)

□ 상황을 다루고 싶어 하지 않음

□ 사람, 장소, 물건 또는 사건을 적극적으로 피함으로써 문제나 고통을 회피하기(물론, 안전하지 않은 경우라면 피해야 한다는 거 기억하지?)

□ 자신의 삶에 영향을 미칠 수 있는 역경이나 트라우마를 알아차리지 못하거나, 알아차리지 않기로 선택하기

□ 과거를 곱씹거나 후회하기

□ 안전하게 벗어날 수 있는데도, 건강하지 않은 해로운 관계에 머무르기

□ 미래에 대해 걱정하거나 두려워하기

□ 원망, 분노, 미움에 갇혀있기

□ 계속 갇혀있게 하는 행동을 함으로 문제 악화시키기(예, 기분이 나빠지게 만들 거라고 알면서도 우울한 노래를 반복적으로 재생하는 등)

□ 그 판단이 진실인지, 실제인지, 사실인지 따져보지도 않고 자기 자신을 판단하기

□ 자신이 다른 방식으로 해야 했던, 할 수 있는, 할 수 있었던 일을 되뇌기, 또는 "왜 나는 그때 그렇게 하지 않았지?"라고 자신을 추궁하기

마음에 새길 핵심 메시지

자신의 문제를 다루지 않는 사람들은 자신의 '그것(문제)'을 확인하거나 다루려 하지 않기에 자해 행동에 의지하고 있는 경우가 많다.

3단원

역경 헤쳐나가기: 마음챙김 기반 기술로 스스로 자원 확보하기

스트레스 대처 및 관리에 도움이 되는 정서적 응급처치

활동 12

마음챙김의 힘: 대응하기와 반응하기

알아두면 유용한 정보

마음챙김이란 지금 일어나고 있는 일에 주의를 기울이는 거야. 우리의 감각들을 떠올려 보자. 주어진 순간에 오감 경험 중 하나라도 알아차린다면 마음챙김을 하고 있는 거야. 청각을 예로 들어볼게. 트라우마를 경험한 적이 있다면, 문이 닫히는 소리나 특정 노랫소리를 듣고 고통스럽거나 나쁜 일이 일어났던 기억이 촉발되어 떠오를 수 있어. 마음챙김은 소리를 알아차리는 것뿐만 아니라 소리를 들을 때 떠오르는 어떤 생각, 감정, 신체적 감각을 알아차리는 것이기도 해.

마음챙김의 힘: 잠시 멈추기

아래 그림을 보면, 마음챙김 상태에서는 자신의 주변 환경과 주변 사물(자극)을 알아차리고 있지. 자극과 그에 따른 반응 사이에서 잠시 멈추고, 자동으로 반응하는 대신

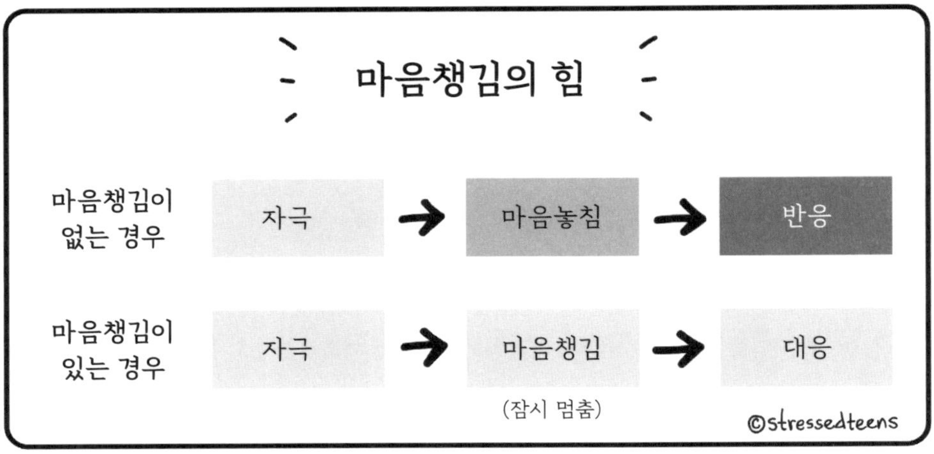

스스로를 조절하고 다음에 어떻게 할지 선택할 수 있게 되는 거야. 때로는 잠시 멈추는 것만으로도 앞으로 벌어질 일들이 크게 달라질 수 있어.

그 순간 잠시 멈추어 마음챙김으로 **대응**했더라면 도움이 되었을 텐데, 그렇게 하기보다는 자동으로 **반응해버렸던** 순간이 나에게도 있었는지 떠올려 보자. 그때 어디에 있었지? 누구와 함께 있었어? 무슨 일이 있었지? 기분은 어땠어? 어떻게 반응했지? 기억나는 모든 것들을 여기에 자세히 적어 보자.

그 상황에서, 자동으로 반응하기보다 마음챙김으로 잠시 멈춘 뒤 대응했다고 상상해 보자. 그다음에 일어났던 일들이 어떻게 달라졌을까?

마음챙김의 힘은 일반적으로 반응하기보다는 대응하기에 있지만, 인생에는 반응하기를 해도 괜찮거나, 심지어 어떤 상황에서는 필요할 때도 있다는 점을 인정하는 것도 중요해. 신속한 자동 반응이 안전과 생존을 보호하는 데 필수인 경우도 있거든.

누군가가 나를 위협하고 있는데, 잠시 멈춰서 생각하거나 숙고할 시간이 없다면 즉각적인 조치가 필요할 수 있어. 잠시 멈추고 기다려서 대응하기보다, 기다리지 않고 충동적으로 즉시 반응해서 자신을 보호했던 순간을 떠올려 봐. 아마도 이런 상황에서는 신체적, 정신적 안전을 보장하기 위해 싸우거나 도망치는 등 즉각적인 행동이 필요했을 수도 있어.

우리에게 인생의 모든 상황을 통제할 수 있는 힘은 없지만, 주어진 순간에 주의를 어디에 둘 것인지는 통제할 수 있어. 어느 정도의 힘은 있는 셈이지. 마음챙김은 주의가 향하는 방향을 조절하는 첫 번째 단계야. 자신의 생각, 감정, 신체적 감각을 인식하고 나면 잠시 멈춰서 다음에 무엇을 할지 선택할 수 있어. 잠시 멈추는 공간을 만들면 자신의 생각을 알아차리고 통제할 수 있는 약간의 힘을 얻게 되고, 그다음 순간에 에너지와 주의를 어디에 쏟을지 선택할 수 있을 거야.

하나 더: 마음챙김을 정의하는 짧은 연습

마음챙김이란 (1) 생각, (2) 감정, (3) 신체 감각을 현재 순간에서 (4) 해로운 판단 없이 알아차리는 거야. 이 정의에 대해 좀 더 자세히 살펴보자.

1. 자신의 생각에 주목하기: 어떤 생각이 있다고 해서 그것이 사실이거나 실제인 건 아니야. "생각하는 모든 것을 믿지 말라"는 말을 떠올려 봐. 그런 다음 이어서 떠오르는 자신의 생각 세 가지를 적어 보자.

a. ______________________________

b. ______________________________

c. ______________________________

2. 자신의 감정에 주목하기: 때때로 사람들은 "나는 …하게 느끼는 것 같아"라고 말하지. 그런데 그거 알아? 그때 하는 말은 느낌이 아니라 생각이야. 기분이 어떤지 물어보면

대부분의 사람들은 기본적으로 한 단어의 느낌(예: 느긋함, 짜증 남, 지루함, 없음, 좋음)으로 반응해. 15~30초 정도 시간을 내어 지금 너에게 어떤 감정이 존재하는지 알아차려 보자.

다음은 몇 가지 예야.

행복한	화난	흥분된/신난	희망찬	편안한
두려워하는	외로운	수줍은	걱정되는	
슬픈	혼란스러운	자신 있는		

아래에 마음속에 떠오르는 감정 단어를 한 개 이상 적어 보자. 가능하다면 한 단어로 된 느낌보다 더 많은 정보를 알려주길 바라. 세 줄을 모두 채워보는 거야. 무엇을 써야 할지 생각나지 않는다면, 왜 자신의 감정을 알아차리기 어려운지 생각해보고 그에 대해 더 자세히 적어 보자.

---

3. 신체 감각에 주목하기: 역경, 특히 트라우마가 있는 경우 사람들은 무감각, 떨림 또는 긴장과 같은 신체 감각을 느낄 수 있어. 신체는 트라우마와 과거 경험을 붙잡고 있거든. 그래서 마음챙김이 역경과 트라우마를 다루고 헤쳐나갈 때 특히 유용할 수 있어. 마음챙김은 신체 감각을 알아차리는 능력을 키워 주거든.

발가락 끝부터 머리 꼭대기까지 몸을 스캔하며 그 과정에서 인식할 수 있는 것을 알아차려보자. 새로운 감각일 수도 있고, 익숙한 감각일 수도 있어. 그런 다음 몸에서 발견한 것을 적어 보자.

____

____

4. 해로운 판단이란 진실, 사실, 실제에 근거하지 않은 채 자신이나 다른 사람, 또는 집단에 대해 내리는 부정적인 판단의 한 유형이야. **나는 친구를 못 사귄다. 나는 과식을 멈출 방법을 모른다. 나는 상처받아도 싸다.** 이제 너 자신에 대해 자주 가지는 부정적인 판단, 즉 부정적인 믿음 두 가지를 생각해보고 여기에 적어 보자.

해로운 자기 판단 1: ____

____

____

해로운 자기 판단 2: ____

____

____

이러한 해로운 판단을 곰곰이 생각해보고, 그것이 사실, 진짜, 실제임을 보여주는 증거가 있는지 자기 자신에게 물어보자.

이 작업을 할 때는 마음챙김 상태에서 자신과 다른 사람에 대해 지니고 있는 해로운 판단을 주의 깊게 살펴보고 알아차려야 해. 자신과 다른 사람에 대한 해로운 판단을 내리게 되는 건 자연스러운 현상이야. 하지만 마음챙김을 하면 할수록 (1) 이러한 해로운 판단을 잘 알아차리고, (2) 그 판단이 틀렸다는 걸 증명해 보려 시도하고, (3) 보다 긍정적이고 건강한 생각으로 대체할 수 있도록 도와주는 게 이 연습의 의도라 할 수 있어.

마음에 새길 핵심 메시지

우리에게 인생의 모든 상황을 통제할 수 있는 힘은 없지만, 주어진 순간에 어디에 주의를 둘지는 통제할 수 있다. 잠시 멈춰서 나의 내면과 내 주변에서 일어나고 있는 일들을 돌아보면 다음 순간에 에너지와 주의를 어디에 둘지 선택할 기회를 만들어 낼 수 있다.

활동 13

트라우마와 스트레스에 대한 반응: 작동하는 나의 신경계

알아두면 유용한 정보

숲속에 있는데 멀리서 곰이 큰 소리로 포효하는 소리가 들려온다고 상상해 보자. 심장 박동이 빨라지고, 손바닥에 땀이 나고, 동공이 확장되고, 주먹을 움켜쥐게 되고, 숨이 가빠질 거야. 이는 신체가 자신을 보호하기 위한 조치를 취할 준비를 할 때 나타나는 반응이지. 위협을 느낄 때마다 뇌의 가장 오래되고 원시적인 부분(파충류 뇌라고 함)은 자율신경계[ANS]에 조치를 취하라고 지시해. 자율신경계는 스트레스와 트라우마에 대한 감정적, 생리적 반응에서 중요한 역할을 하는데, 교감 신경계가 활성화되면서 싸우거나 도망치거나 얼어붙으라는 신호를 보내게 돼. 비록 매일 곰과 마주치는 것은 아니지만, 역경이나 트라우마와 관련된 경험을 겪을 때에도 같은 방식으로 우리의 몸이 활성화될 수 있어. 이상적으로는 즉각적인 위험으로부터 벗어나자마자 부교감 신경계('휴식, 이완, 소화'라고 생각하면 돼)가 교감 신경계('싸움, 도피 또는 얼어붙음/동결'이라고 생각하면 돼)에 제동을 걸어 신체가 스트레스 화학 물질의 방출을 멈추고 휴식하고 소화시키며 재생되는 상태로 전환하게 돼. 이를 통해 휴식과 회복이 이루어지고,

안전한 상태로 되돌아가려는 궁극적인 목표로 향하게 되지.

이번 활동은 조금 읽기 어렵거나 거슬릴 수 있어. 스트레스와 트라우마에 자신이 어떻게 반응하고 대응하는지 살펴보게 될 거거든. 자신의 정신건강, 안녕과 안전을 위해서는 과할 정도로 조심하는 게 낫다는 사실을 기억하길 바라. 이번 활동이든 다른 어떤 활동이든 너무 부담스럽다고 느껴진다면 그 느낌을 존중하고 잠시 멈추었다가 나중에 다시 돌아와도 좋아. 어떤 활동이든 너무 어렵다고 느껴질 때는, 책 앞부분의 마음의 응급처치 활동으로 이동하여 마음을 진정시키고 자신을 돌볼 방법을 다시 찾아보고 떠올릴 수 있다는 점도 기억해 주길 바라. 이는 이번 활동뿐만 아니라 다른 활동에서도 마찬가지야.

트라우마와 스트레스에 대한 다섯 반응: 투쟁-도피-동결-기절-굴복

스트레스와 트라우마에 대한 가장 널리 연구된 반응 중 하나는 자기 보호 모드에 들어갈 때 교감 신경계가 활성화되어(**교감 신경 우세**) 나타나는 세 가지(투쟁-도피-동결) 반응이지. 그러나 최근 학계에서 주목을 받고 있는, 트라우마를 겪었거나 겪고 있는 사람들과 관련된 두 가지 추가 반응이 있어. 새로 발견된 2가지 반응은 '기절'과 '굴복' 반응이야. 앞선 세 반응과 달리 기절과 굴복 반응은 생리적 활성화가 더 감소되거나 억제된 경우(**부교감 신경 우세**)에 나타나게 돼. 기절과 굴복 반응에서는 거의 마비된 상태에서 붕괴된 상태로까지 이어지기도 해(Porges and Dana 2018).

그래, 이건 매우 학술적인 설명이지만, 스스로 지식을 쌓고 이해와 인식을 높이면 스트레스가 극심한 상태가 되거나 잠재적으로 트라우마 상황이나 생명이 위협받는 상황에 처했을 때 이를 알아차릴 수 있는 힘과 조절력을 가질 수 있어. 누구나 스트레스 또는 충격적인 경험에 대해 다양한 반응을 보일 수 있는데, 이러한 반응들은 상황에 따라 다를 수 있다는 거야. 다음의 반응에 대한 설명들을 읽으면서, 충격적인 사건, 역경, 스트레스에 직면했을 때, 또는 안전하지 않다거나 고립되거나 단절되었다고 느꼈을 때 어떤 반응을 경험했는지 떠올려 보자.

투쟁 반응은 위협적으로 인식되는 대상이나 사람에 대해 보다 공격적이거나 단호

한 방식으로 맞서 싸우는 것을 말해. 투쟁 반응에는 일반적으로 화나 분노의 감정, 무언가를 때리고, 차고, 밟고, 부수고 싶은 욕구, 울음이 터져 나오거나 이를 꽉 깨물고 주먹을 쥐거나, 먹은 음식이 체하거나, 살인이나 자살에 대한 생각 같은 것들이 떠오르는 상태가 포함돼. 주차된 자동차의 엔진에 시동을 건 상태를 떠올려 봐. 기어만 바꾸면 바로 달려들 준비가 되어있는 상태인 거야.

도피 반응은 위험하거나 위협적이거나 충격적인 사건에서 도망치거나 벗어나려는 것을 말해. 도피 반응을 보이는 사람은 불안하거나 갇힌 느낌, 얕고 빠른 호흡, 안절부절 못함, 빠르게 휙휙 둘러보는 눈 움직임, 불안, 뱃속에 나비가 들어있는 느낌 같은 여러 가지 감정 및 증상을 경험할 수 있어. 가능한 한 빨리, 자신의 다리가 달릴 수 있는 속도보다 더 빠르게 그 상황에서 도망치고 싶어 하는 사람을 떠올려 봐.

동결 반응은 말 그대로 몸이 얼어붙어 거의 일시적인 마비 상태가 되어 행동을 취하거나 움직일 수 없는 경우를 말해. 종종 온몸이 차갑거나 무감각한 느낌, 가슴이 답답함, 호흡 곤란, 공포감, 심장이 두근거리는 느낌이 동반되기도 해. 이 반응이 생기면 그 사람은 움직이고 싶지만 그럴 수 없게 되지. '자동차 헤드라이트 앞의 사슴'을 떠올려 보면 좋아.

기절 반응은 거의 해리 반응에 가까운 것으로, 방어 메커니즘으로써 자율 신경계가 꺼져버리는 방식이야. 기절 반응을 경험하는 사람은 마치 존재하지 않는 것처럼 거의 무생물이 되려는 시도를 하는 것 같아. 살아 있지 않은 것처럼 보이기를 원하는 사람을 가리키는 '주머니쥐 놀이playing possum'라는 표현을 떠올려봐. 이 반응을 표현하는 또 다른 용어가 바로 **해리**dissociation야. 해리 상태인 사람은 신체적으로는 여기에 있고 분명 사라질 수 없지만, 자신이 현재 견디고 있는 트라우마 경험 속에서는 존재하지 않기 위해 정신적으로 마음속 다른 곳으로 이동하게 돼. 트라우마를 경험하고 기절하는 반응을 보이는 사람은 생존 본능과 자기 보호를 위해 사건 중에 기절할 수도 있어. 이 사람은 그 경험을 전혀 기억하지 못할 수도 있고, 수년이 지나 몸과 뇌가 기억을 되살려도 안전하다고 느낄 때까지 표면에 그 기억이 드러나지 않을 수도 있어.

굴복 반응은 절망감과 무력감으로 가득 찬 사람에게서 볼 수 있어. 이 사람은 충격적이고 위협적인 사건을 빨리 끝내고 싶어 하고, 누군가의 비위를 맞추기 위해 상대방을 달래고, 자신이 당한 학대에 대한 자신을 향하는 비난이나 책임을 받아들이고,

갈등을 피하고 상황을 멈추기 위해 사과할 수도 있어.

트라우마와 역경 경험에서 나에게는 어떤 신체 증상이 나타났을까? 위의 예시에서 나온 증상일 수도 있고, 또는 포함되지 않은 다른 증상(예: 빠른 심장 박동, 구역질이 나거나 속이 좋지 않음, 꽉 쥔 주먹이나 이를 악문 턱, 가슴 답답함, 얕은 호흡, 화장실에 가야 할 것 같은 느낌 등)을 경험했을 수도 있어.

역경이나 트라우마에 대해 어떤 반응/대응을 보였어? 위의 예시에서 나온 행동일 수도 있고, 또는 포함되지 않은 다른 행동일 수도 있어. (예: 소리 지르기, 울기, 도망치기, 얼어붙기, 잊어버리기, 혼란스럽거나 멍한 느낌, 사과하기, 죄책감이나 수치심 느끼기 등) 여기에 한번 적어 보자.

하나 더: 반응이 도움이 될 때, 반응 스위치를 꺼야 할 때

불편하거나 고통스러울지라도 우리의 생리적, 심리적 반응은 우리를 위험으로부터 지켜주는 핵심 요소야. 그러나 앞서 보았던 다섯 반응(투쟁, 도피, 동결, 기절, 굴복)은 종종 필요하지 않거나 도움이 되지 않는 상황에서 활성화되는 경우가 많아. 또한 위험한 상황에서 활성화되었던 그 상태가 위험이 사라진 뒤에도 오랫동안 유지되기도 해.

필요하다면 언제든 '마음의 응급처치 (p. 31)'로 이동

두 경우 모두 신경계가 과도하게 활성화되거나 건강에 해로운 행동 패턴으로 변질되어 나중에 다양한 신체적, 정신적 문제를 일으킬 수 있어. 신체의 스트레스 반응 센터가 과하게 작동하거나 제대로 작동하지 않을 경우, 과거의 트라우마로 인해 실제로는 위험하지 않을 수도 있는 사람이나 상황을 안전에 위협이 되는 것으로 인식할 수도 있어.

위험한 사건이나 충격적인 경험에 대한 너의 반응이 그 순간에는 도움이 **되었던** 때를 떠올려 볼 수 있을까? 여기에 한번 적어 보자. 어떤 일이 일어났는지, 몸에서 어떤 느낌이 들었는지, 그리고 그 반응이 나의 대처에 어떻게 도움이 되었는지 자세히 적어 보자.

반응이 도움 **되지 않았던** 순간도 떠올려 볼 수 있을까? 여기에 한번 적어보자. 어떤 일이 일어났는지, 몸에서 어떤 느낌이 들었는지, 그리고 그 반응이 나의 대처에 어떻게 도움이 되지 **않았는지** 자세히 적어 보자.

그 순간을 되돌아볼 때, 어떤 점을 다르게 했다면 더 도움이 되었을까?

마지막으로, 위험이 지나간 후에는 스위치를 꺼짐 상태로 전환할 수 있어야 해. 이렇게 하면 (앞서 설명한 부교감 신경의 '휴식, 이완, 소화' 시스템의 도움을 받아) 조절력을 되찾고, 자신을 진정시키고 몸이 회복되고 휴식을 취할 수 있게 되지. 한발 물러서서 재평가하고 충격적인 사건이 지나갔거나 위협이 사라졌다는 걸 확인했다면, 자율신경계의 과작동 상태에서 벗어나 부드럽게 브레이크를 밟기 시작하며 더욱 차분하고 안전한 상태로 돌아갈 수 있을 거야.

위험하거나 위협적이거나 고통스러운 상황에 처한 후, 몸을 진정시키는 데 도움이 되었던 행동에는 어떤 것이 있었지? 여기에 한번 적어 보자.

마음에 새길 핵심 메시지

위협을 느낄 때마다 우리 몸은 위험에 처해 있거나 위협이 존재한다는 걸 알려주는 단서와 경고 신호를 보낸다. 여기에 설명된 스트레스에 대한 다섯 가지 일반적인 반응(투쟁, 도피, 동결, 기절, 굴복)은 저마다 목적이 있으며, 스트레스 상황이나 트라우마, 위험한 상황에서 순간적으로 자신을 보호하는 데 도움이 될 수 있다.

활동 14

나의 돌덩이 알아차리기: 나를 짓누르는 것들

알아두면 유용한 정보

역경을 많이 경험했던 사람은 그렇지 않은 사람들보다 더 힘든 일을 겪는 경우가 많아. 정말 가혹한 현실이지. 역경을 겪은 사람이 자신의 상황을 인정하지 않는 것, 즉 다른 이들이 겪지 않는 일을 겪어야 한다는 사실을 인정하지 않는 건 진실과 현실을 부정하는 거야.

유소년기 부정적 경험[AYE]을 심하게 겪은 사람들은 다음과 같은 상태에 처하곤 해.

- 다른 사람이 경험하지 않는 고통과 스트레스를 경험함.
- 자신의 필요를 충족시키는 데 어려움을 겪음.
- 속았다는 느낌을 받음.
- 많은 두려움을 안고 살아감.
- 자신의 목표와 꿈을 달성하는 것이 더 어렵다고 느낌.
- 자신에 대해 안타까움을 느낌.

- 정체되어 있으며 성장하거나 변화하지 않음.
- 화가 잔뜩 나 있고 언제든 싸울 태세로 있음.
- 후회가 많음.
- 자신이나 다른 사람에 대해 분노를 가짐.
- 수치심, 비난, 죄책감을 느낌.
- 신체적, 정신적 건강 문제가 많음.
- 사람들이 자신에게 제공해 줄 수 있는 것보다 더 많은 것을 기대하는 어려움이 있음.
- 더 적은 자원을 가지고 있거나, 여러 자원에 대한 접근성이 줄어듦.

이러한 것들이 우리를 짓누르는 무거운 돌덩이라 생각해 보자. 이 바위는 물리적으로 눈에 보이지는 않지만 우리의 모든 대화, 생각, 행동, 결정 등 삶의 모든 측면에 영향을 미쳐. 이러한 바위를 글로 써보며 확인해 두면 유용할 거야. 마음에 담아 두면 곪은 자리가 커지고, 자신을 갇히게 만들어 심지어 병까지 얻게 될지도 몰라.

나를 짓누르는 부정적 대처 행동

137페이지의 예는 마리가 쓴 내용을 보여주고 있어.

마리는 돌덩이에다가 자신에게 부정적인 영향을 미쳤던 경험에 대한 기억을 적어 보았어. 이런 기억들이 오랫동안 마리를 짓누르고 있었지. 그리고 그 기억 위에 자신이 사용해왔던 부정적인 대처 행동과 기전을 적었어. 다음 목록에는 이러한 행동이 무엇을 의미하는지에 대한 간단한 설명도 포함되어 있어.

- **분노**: 무언가가 잘못되었다는 것을 인지한 후 느끼는 격렬한 화나 강렬한 감정
- **슬픔**: 절망, 우울함, 절망감
- **질투**: 다른 사람을 시기함

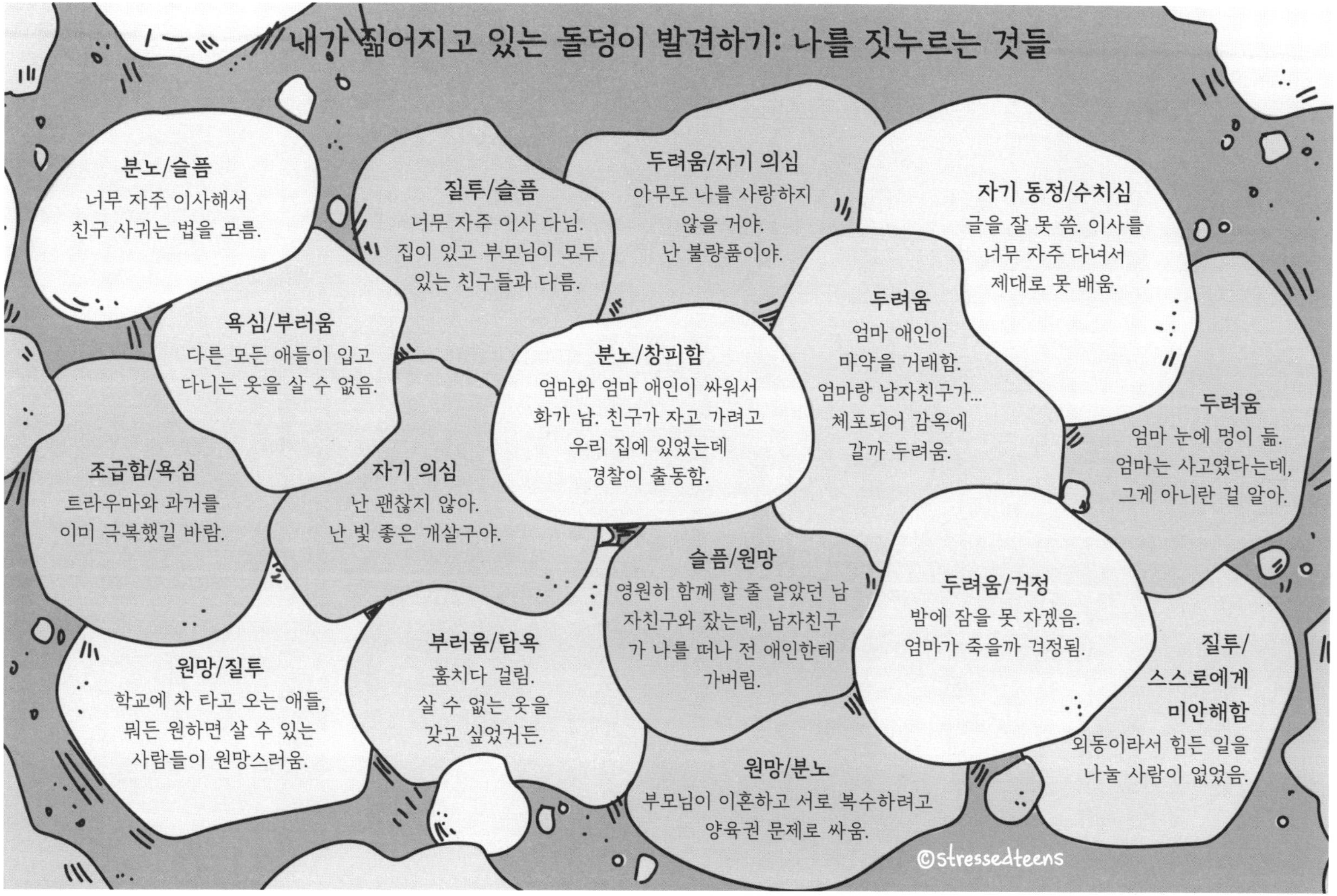
내가 짊어지고 있는 돌덩이 발견하기: 나를 짓누르는 것들
분노/슬픔
너무 자주 이사해서 친구 사귀는 법을 모름.
질투/슬픔
너무 자주 이사 다님. 집이 있고 부모님이 모두 있는 친구들과 다름.
두려움/자기 의심
아무도 나를 사랑하지 않을 거야. 난 불량품이야.
자기 동정/수치심
글을 잘 못 씀. 이사를 너무 자주 다녀서 제대로 못 배움.
욕심/부러움
다른 모든 애들이 입고 다니는 옷을 살 수 없음.
분노/창피함
엄마와 엄마 애인이 싸워서 화가 남. 친구가 자고 가려고 우리 집에 있었는데 경찰이 출동함.
두려움
엄마 애인이 마약을 거래함. 엄마랑 남자친구가... 체포되어 감옥에 갈까 두려움.
두려움
엄마 눈에 멍이 듦. 엄마는 사고였다는데, 그게 아니란 걸 알아.
조급함/욕심
트라우마와 과거를 이미 극복했길 바람.
자기 의심
난 괜찮지 않아. 난 빛 좋은 개살구야.
슬픔/원망
영원히 함께 할 줄 알았던 남자친구와 잤는데, 남자친구가 나를 떠나 전 애인한테 가버림.
두려움/걱정
밤에 잠을 못 자겠음. 엄마가 죽을까 걱정됨.
원망/질투
학교에 차 타고 오는 애들, 뭐든 원하면 살 수 있는 사람들이 원망스러움.
부러움/탐욕
훔치다 걸림. 살 수 없는 옷을 갖고 싶었거든.
원망/분노
부모님이 이혼하고 서로 복수하려고 양육권 문제로 싸움.
질투/스스로에게 미안해함
외동이라서 힘든 일을 나눌 사람이 없었음.
©stressedteens

- **두려움**: 누군가나 무언가를 위협적인 것으로 여기고 무서워하는 것, 겁먹음의 느낌
- **자기 의심**: 자신이 나약하다는 느낌, 자신의 능력에 대한 의문, 현실에 대한 의문, 자신에 대한 자신감 부족
- **자기 동정**: 자신에 대해 안타까움을 느끼거나 무력감을 느끼는 것
- **수치심**: 결점이 있거나 충분하지 않거나 무가치함에 대한 극심한 고통스러운 느낌
- **욕망/욕심**: 무언가에 대한 강한 바람이나 욕구, 강한 갈망
- **시기심/질투**: 누군가를 시샘하고, 그 사람이 갖고 있는 것을 바라는 것
- **당혹감/창피함**: 다른 사람 앞에서 수줍음, 불편함, 죄책감을 느끼고, 다른 사람과 다르다는 느낌
- **조급함**: 짜증 나고, 불만스럽고, 안절부절못하거나, 인내심이 부족한 느낌
- **원망**: 학대당한 것에 대해 유감스러움이나 부정적인 감정적 반응을 느끼는 것
- **탐욕**: 무언가를 가지고 있지만 보다 더 많이 원하거나 가질 수 없는 것을 원하는 것
- **걱정**: 결과를 예측하려 하거나, 자신이 어떻게 보여지는지 우려하고, 어떤 일의 가능한 모든 부정적인 결과에 생각과 감정을 집중하는 것
- **스스로에게 미안해함**: 자기 동정, 피해자 역할하기, 자신이 가진 것이 적거나 다르다는 인식과 유사

이 목록이 전부는 아니야. 위 내용은 왼쪽에서 오른쪽 바위 순으로 나열되어 있고, 중복된 내용은 제외했어.

하나 더: 나를 짓누르는 것들

빈 바위 안에 자신에게 부정적인 영향을 미쳤던 순간, 사건, 역경, 트라우마 등, 자신을 무겁게 짓누르는 것들을 나열해 보자. 예를 들어, 내가 가장 두려워하는 일, 후회하는 일, 분노하는 일은 무엇일까? 빈 바위 안에 적

필요하다면 언제든 '마음의 응급처치 (p. 31)'로 이동

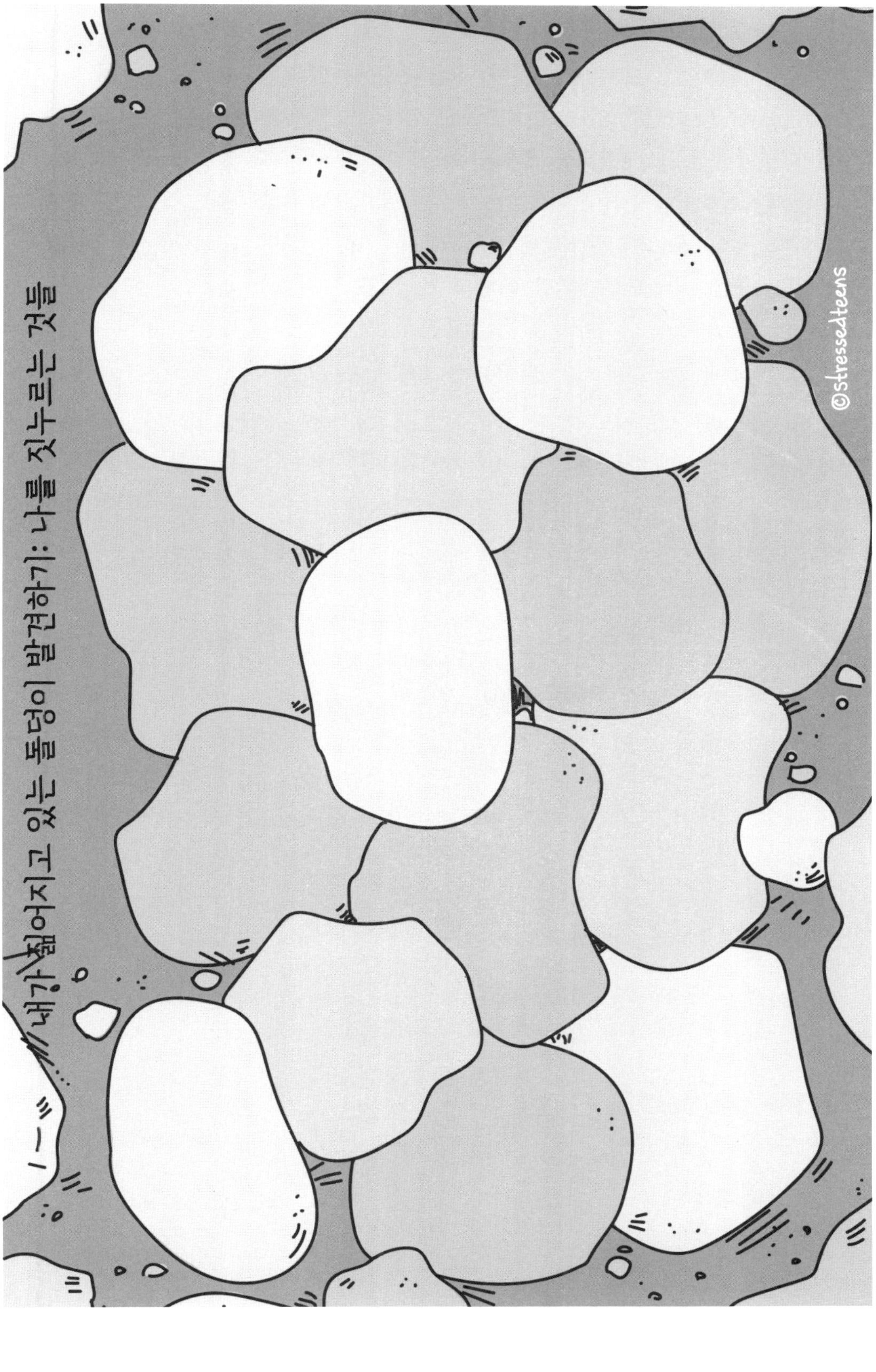
내가 짊어지고 있는 돌덩이 발견하기: 나를 짓누르는 것들
©stressedteens

으며 채워보자. 이 그림은 https://kcbs.ne.kr/books에서 다운로드할 수도 있어.

그다음, 완성한 바위를 통해 각 바위에 해당하는 주된 부정적 대처 행동을 찾아봐. 이것이 어렵다고 생각되면 위의 목록을 예시로 참고할 수도 있어. 이 활동을 하는 것이 너에게 고통을 주거나 수치심, 비난, 죄책감을 느끼게 하기 위한 것이 아니란 걸 기억해 주길 바라. 그저 네가 삶에서 들고 다니는, 너를 짓누르고 있는 무거운 돌덩이들을 알아차리는 데 도움이 되길 바라.

마음에 새길 핵심 메시지

우리는 인생의 돌덩이, 즉 자신을 짓누르는 것들을 알아차리면서 이를 극복하는 방법을 배울 수 있다. 이전에 부정적 대처 행동을 사용했다는 이유로 앞으로도 그렇게 해야 할 필요는 없다.

활동 15

나의 휴식 도구 모음

알아두면 유용한 정보

때로는 휴식을 취하는 게 스스로 할 수 있는 가장 생산적인 일일 수도 있어! 긴장을 풀기 위해 할 수 있는 일이나 방법을 찾아 '스위치를 끄고' 부교감 신경계('휴식과 소화')를 활성화시킬 수 있어. 필요에 따라 활동 13을 다시 참고해 봐도 좋아. 휴식하기, 이완하기, 회복하기, 다시 설정하기, 다시 연결하기, 다시 보정하기, 중심 되찾기 등 다양한 방법을 통해 몸과 마음이 얻는 유익함은 무궁무진해. 이완 기법과 도구는 (1) 신경계가 독성 스트레스를 받아 균형을 잃고 진정이 필요할 때는 균형을 되찾아주고, (2) 이미 평온한 상태일 때는 그 균형을 유지하는 데 꼭 필요한 유용한 방법이 되어줄 거야.

마음챙김의 순간을 위한 휴식 도구 모음

마음 한 걸음 더 돌보기

우리는 휴식이 필요할 때 무엇을 찾을까? 자신의 휴식 도구 모음에 어떤 것을 넣어볼 수 있을까? 다음 목록을 읽고 긴장을 풀기 위해 이미 하고 있는 방법이나, 마음챙김의 순간을 더욱 많이 갖기 위해 앞으로 사용해보고 싶은 항목에 동그라미로 표시해 보자.

향초	동물 인형이나 피규어	스티커	헤드폰
로션	온열패드	사진들	꽃과 식물
에센셜 오일	음악 플레이리스트	책과 잡지	즐겨보는 영화나 TV쇼
담요	물이나 따뜻한 차	바디필로우	입욕제나 거품 목욕
달콤한 간식 소울푸드	아늑한 스웨터	기념품	보드게임, 비디오게임

다른 아이디어가 있다면 여기에 추가해 보자.

하나 더: 마음챙김 휴식을 위한 이완 활동

평온함을 찾거나 유지하는 데 도움이 되는 방법들을 휴식 도구 모음에 포함시키는 것에서 한 단계 더 나아가 볼 수도 있어. 평온함, 휴식, 이완의 감각을 조성하기 위해 할 수 있는 활동에 대해 떠올려 보는 거야. 다양한 무료 마음챙김 연습과 자료들을 보려면 https://www.stressedteens.com/toolbox에 접속해 봐(영문 자료). 다음은 여기에 대한 몇 가지 아이디어야.

- 따뜻한 물로 목욕이나 샤워하기.
- 따뜻한 차 마시기.
- 차분하고 편안한 음악 목록 듣기.
- 자조self-help 비디오나 튜토리얼을 온라인에서 보거나 읽기.
- 반려동물 껴안기.
- 몸을 쭉 뻗어 스트레칭하거나 가볍게 춤추기.
- 몇 번 심호흡하기.
- 자연 속에서 시간 보내기.
- 하루 종일 태양이 만들어내는 변화에 주목하기.
- 자연 풍경이 담긴 사진을 보기.
- 바깥에서 나뭇잎, 꽃, 조약돌 줍기.

더 편안한 기분을 느끼고 마음챙김 휴식 시간을 가지려면 일상에 어떤 활동(여기에 나열된 활동이나 스스로 생각해낸 활동)을 규칙적으로 추가해 볼 수 있을까? 아래에 원하는 만큼 적어 보자.

______________________ ______________________

______________________ ______________________

______________________ ______________________

마음에 새길 핵심 메시지

그저 존재할 수 있는 마음챙김 순간을 찾아 일상에서 몸과 마음의 균형을 유지하는 것이 중요하다. 스트레스가 많은 시기에는 몸이 회복하고 휴식을 취할 수 있는 공간을 확보하는 것이 더욱 중요해진다. 원하거나 필요할 때마다 나 자신을 위해 차분한 경험을 선사하는 데 필요한 영감과 아이디어를 휴식 도구 모음을 통해 얻을 수 있다.

활동 16

활동하는 두뇌: 좋은 것 받아들이기

알아두면 유용한 정보

신경가소성이란 경험에 반응하여 뇌가 변화하는 과정을 일컫는 용어야. 긍정 신경가소성 분야의 최신 연구에 따르면 우리 뇌는 긍정적인 것에 더 집중하고, 긍정적인 신경 연결을 늘릴 수 있다고 해. 본질적으로 우리 뇌를 재구성해서 더 긍정적이고 행복하며 희망차고 즐거운 삶을 스스로 만들어나가는 방법을 배울 수 있는 거지. 쉽지는 않겠지만 이보다 더 가치 있고 보람찬 일은 없을 거야. 좋은 것을 받아들이는 연습은 긍정적인 신경가소성을 구축하는 행동이야.

좋은 것 받아들이기

좋은 것 받아들이기는 유익하고 긍정적이며 즐거운 경험이 일어날 때 이를 알아차리고, 주의를 기울이며, 받아들이는 과정이야. 작고 단순한 일이라도 현재 하고 있는 일에 집중하고 감사하는 거지. 자신이 좋아하는 건강한 활동(예를 들자면 넷플릭스에서 좋아하는 프로그램을 시청하되, 이를 내내 방에서 나오지 않고 넷플릭스 몰아보기를 하는 건 적절하지 않음)에 참여한다면 '좋은 것 받아들이기'를 하게 되는 거야. 이를 통해 즐거움을 얻는 동시에 자신의 안녕에도 도움이 될 거야.

이 과정에는 내 기운을 돋워 주거나 감사함을 느끼게 해주는 사람과 시간 보내기, 나에게 영감을 주거나 행복감을 느끼게 해주는 좋아하는 노래 한 곡을 듣기로 선택하는 것과 같은 간단한 활동이 포함되기도 해. 이렇게 하려면 먼저 내 주위에서 일어나는 일에 주의를 기울이고 어디에 관심과 시간을 쏟을지 **선택**해야 해. 하지만 좋은 것 받아들이기가 무조건 강렬한 활동이어야 하거나 너무 많은 시간을 들여야 하는 건 아니야. 연구에 따르면 하루에 몇 번씩 30초 미만의 시간을 들여 좋은 것을 찾고 그것을 받아들이는 것만으로도 자신과 타인, 삶 전반에 대한 감정과 태도에 긍정적인 변화를 가져올 수 있다고 해!

하나 더: 어디에 주의를 기울이고 싶지?

마음챙김의 실천 단계는 우리의 주의, 인식, 에너지를 어디에 쏟을지 의도적으로 선택하는 과정이라고 할 수 있어. 부정적인 것에 집중하기보다 즐거운 순간을 음미하고 긍정적인 것들이 나를 씻어주도록 허용하는 것과 같이 좋은 것을 받아들이는 데 집중할 수 있어. 이 책의 앞부분에서 배운 것처럼 우리 뇌는 생존을 위해, 또는 과거의 역경과 트라우마 경험으로 인해 곧바로 부정적인 쪽으로 향하도록 프로그래밍 되어있기에 긍정적인 것에 주의를 쏟으려면 조금 더 많은 노력이 필요해.

긍정적인 면에 주의를 기울이는 두뇌 훈련을 연습하기 위해 최근의 기억, 경험, 사람들에 대해 떠올리며 다음 문장을 완성해 보자. 너무 많이 생각해서 적기보다는 마음에 바로 떠오르는 것들을 그저 적어 보는 거야.

내가 안전하다고 느꼈던 때: ______________________________

내가 기분이 좋았던 때: ______

내가 감사함을 느꼈던 때: ______

내가 희망을 느꼈던 때: ______

내가 자신감을 느꼈던 때: ______

내가 편안해졌다고 느꼈던 때: ______

마음에 새길 핵심 메시지

마음챙김은 주의를 기울이는 것이다. 에너지와 주의를 어디에 둘 것인지 의도적이고 주의 깊게 선택하는 연습이 마음챙김을 발달시키는 다음 단계이며, 자신의 건강과 안녕에 도움이 되는 것들에 주의를 기울이는 것이 이상적이다.

활동 17

착지하기: 스스로 진정하고 연결되기

알아두면 유용한 정보

스트레스와 역경, 또는 어떤 종류이든 장기간의 트라우마 노출로 인해 상실감, 절망감, 동떨어진 느낌, 압도되는 느낌, 두려움, 불안감을 느낀다면 신경계가 과민 반응을 일으키고 있을 가능성이 커. 우리를 기운 빠지고 무기력하게 만들고, 신체적으로나 정서적으로 지치게 만들지. 이때 자신의 몸이나 지면에 스스로 착지하며 현재로 돌아올 수 있는 몇 가지 간단하고 빠른 방법을 알아두는 것이 중요해(이 책 1단원에서도 이 목록을 확인할 수 있어). 마음챙김 움직임 같은 착지 훈련은 스트레스 상황 이후 부교감신경계를 활성화하는 데 도움이 될 수 있어. 착지법은 통증을 줄이고, 스트레스와 연관된 호르몬인 코르티솔 수치를 낮추며, 에너지를 키우고, 치유 속도를 높이고, 몸과 마음의 균형을 되찾는 데 도움이 될 거야.

마음챙김 움직임으로 착지하기

자신의 상태를 다시 설정하고 자원을 확보해야 한다는 사실을 아는 것이 마음챙김의 일부인데, 때로는 착지하는 움직임을 통해서 이렇게 해 볼 수도 있어. 스트레스를 받거나, 과거가 떠올라 머릿속이 복잡하거나, 다가올 일에 대해 걱정하게 되는 등 몸이 과도하게 자극되었을 때 몸을 움직여 땅이나 자연과 연결되는 건 자신을 진정시키고 현재 순간으로 돌아오는 좋은 방법이야. 여기서 소개하는 마음챙김 움직임에서는 걷기만 다루는 건 아니지만, 걷기 또한 포함되어 있어. 자동 조종 모드에서 빠져나오고, 스트레스나 불안, 또는 다른 불편한 감정으로부터 나아가며(이상적으로는 해소하고), 자신의 몸과 땅에 연결되는 게 이 연습의 목표야.

밖으로 나가 착지하기: 마음챙김 움직임 연습

안전하게 걸어 다닐 수 있는 바깥 장소를 찾아보자. 가능하다면 걸을 때 발아래 표면을 느낄 수 있도록 맨발로 있을 수 있는 곳(예: 잔디, 카펫, 모래 위)을 찾아봐. 가장 이상적으로는 방해 요소가 아주 적은 장소가 좋은데, 최소한 시끄럽고 거친 소음(예: 자동차 경적이나 사람들이 고함치는 소리)이 적은 장소여야 해. 편안하고 조용하며 평화로울수록 좋아. 이게 불가능하다면 헤드폰이나 귀마개를 착용하여 소음을 일부 줄일 수도 있어.

가만히 서서 발밑의 땅을 느끼며 시작하자. 땅이 지지해주는 힘을 느껴보자. 발의 위치에 주의를 기울이고, 발의 네 모서리와 발가락이 지면을 누르는 느낌과, 마찬가지로 땅이 다시 발을 밀어내고 몸을 똑바로 세우는 느낌을 알아차려 보자. 어깨, 턱, 목의 긴장을 풀어보자. 양팔은 옆구리에 느슨하게 늘어뜨리면 돼.

한 번에 한 걸음씩, 천천히 의도적으로 걷기 시작해 보자. 먼저 각 발뒤꿈치가 땅을 내리누르는 걸 느낀 다음, 발바닥과 발가락을 느껴보는 거야. 한 걸음 한 걸음 내디딜 때마다 땅이 어떻게 느껴지는지 알아차려 보자. 밟고 있는 표면의 느낌은 어떤지, 어떤 질감인지, 따뜻한지, 아님 차가운지 주의를 기울여 보자. 예를 들어 잔디밭이라면 발가락 사이의 풀잎을 느껴보자.

다음으로, 주변 공기에 주의를 기울여 보자. 피부에 닿는 공기가 따뜻한지 차가운지, 바람이 부는지 아니면 고요한지 알아차려 보자. 손가락과 발가락 사이의 공간을 알아차려 볼 수도 있어.

발밑의 땅과 주변의 공기를 느끼면서 계속 걸어보자. 걸으면서 트라우마, 스트레스, 불안, 분노, 두려움 등 내 안에 정체되어 있는 모든 감정들, 그게 무엇이든 내면에 꼼짝 못 하고 갇혀있는 헤쳐나가야 할 것, 몸 밖으로 내보내야 하는 것들에 대해 그야말로 걸어 나가고, 헤쳐나가고 있다고 상상해 보자. 그 감정들이 내 발을 통해 땅으로 내려가거나 숨을 내쉴 때 호흡과 함께 코나 입으로 빠져나가는 모습을 상상해 보자. 호흡에 집중하는 것이 편안하게 느껴진다면 호흡을 통해 연습해 보아도 괜찮아. 평온함과 따뜻함, 안전과 지지를 숨으로 들이마신 다음, 더는 도움이 되지 않거나 내보내야 하는 모든 감정을 숨으로 내쉰다고 상상해 봐.

긴장, 통증, 스트레스가 대부분 해소되고 현재의 순간에 더 많이 도달했다고 느낄 때까지 이 방법대로 계속해 보자. 이 훈련을 시작하기 전에 매우 활성화된 상태였다면 여전히 약간의 잔여 감정이 남아있을 수 있지만, 그래도 괜찮아. 이런 감정 중 일부는 가지고 다니는 게 정상이야. 심각한 스트레스 상황에 노출된 적이 있다면 한 번에 모든 감정을 해소하는 게 어려울 수도 있어. 원한다면 다시 시작해서 이 걷기 연습을 두 번 이상 반복해 볼 수도 있어. 더욱 착지되었다는 느낌이 들면, 잠시 멈추고 현재 순간에 착지하기 위해 시간을 낸 자기 자신을 자랑스러워해 주자.

하나 더: 진정과 연결을 위한 다른 착지 기술

환경과 자원, 자신의 선호도, 지금 순간 신체적, 정서적 느낌에 따라 마음을 다잡고 현재에 집중하며 재조정하는 데 도움이 되는 다양한 착지 및 마음챙김 기법이 있어. 착지 초점이란 손이나 발과 같이 항상 나와 함께 있는 몸의 신체적이거나 기능적인 부위야. 언제든지 이 부위를 향하여 주의를 기울이면 나를 현재 순간으로 데려오는 데 도움이 되지.

다음 목록에는 **착지 초점**이나 마음챙김 기법을 비롯한 다른 여러 예가 나와 있어. 이미 시도해보고 도움이 되었다고 느낀 방법과 다음에 착지할 때 시도해 보고 싶은 방법을 찾아 표시해 보자.

마음 한 걸음 더 돌보기

☐ 보이는 것 다섯 가지, 만질 수 있는 것 네 가지, 들을 수 있는 것 세 가지, 냄새 맡을 수 있는 것 두 가지, 맛볼 수 있는 것 한 가지 찾기.

☐ 돌멩이나 펜과 같은 물체를 손에 쥐고 손가락 사이로 굴리기. 물체의 질감, 무게, 온도에 대해 생각해보기.

☐ 손목에 고무 밴드를 착용하고 살짝 잡아당겨서 튕기기. 손목에 (부드럽게) 닿을 때 어떤 느낌이 드는지 알아차리기.

☐ 얼음 조각을 손에 쥐기. 얼음이 녹을 때 가장 아프거나 차가운 부위, 또는 그 주변의 통증이 거의 없거나 감각이 덜한 부위에 집중하기.

☐ 모래나 진흙에 손을 파묻기.

☐ 엄지손가락으로 다른 손가락을 하나씩 부드럽게 누르기.

☐ 흐르는 찬물이나 따뜻한 물 아래 발 두기.

☐ 따뜻하거나 시원한 물을 얼굴에 뿌리기.

☐ 냉동실에 얼굴 잠시 넣기.

☐ 로션을 손과 팔에 문지르기.

☐ 송장 자세(사바사나)나 견상 자세(다운독) 같은 요가 자세 취하기.

☐ 밖으로 나가거나, 팔 벌려 뛰기 하기.

☐ 동물 쓰다듬기.

☐ 물(욕조, 샤워기, 호수, 강, 바다, 수영장)에 뛰어들거나 물속으로 걸어 들어가기.

다른 아이디어가 있다면 여기에 추가해 보자.

압도당했거나 공황 상태에 빠졌을 때 이러한 기법 중 하나를 사용해 본 적이 있다면, 무엇을 어떻게 했고, 그때 어떤 기분이 들었는지 적어 보자.

다음에 스트레스가 많은 상황에 처하거나 역경이나 트라우마에 시달릴 때 해보고 싶은 기법 두 가지를 선택해서 여기에 적어 보자.

마음에 새길 핵심 메시지

착지법은 신경계가 과도하게 각성되어 있거나 활성화되어 있을 때 자신을 진정시키고 현재 순간으로 돌아오는 데 도움이 된다. 압도당하거나 통제할 수 없는 상태라고 느낄 때 자신의 몸과 땅으로 돌아올 수 있는 빠르고 효과적인 도구는 많다. 마음챙김 움직임은 그중 하나이다.

활동 18

선택을 알아차리기: 내가 내리는 선택과 내가 하는 행동

알아두면 유용한 정보

과거의 상처는 우리의 선택을 믿거나 다른 사람을 신뢰하기 어렵게 만들 수 있어. 우리가 이를 경험하는 방식은 매우 다양해. 우유부단함, 불확실성, 갈등, 망설임, 흔들림, 불명확함, 혼란스러움, 뒤처지는 것에 관한 두려움, 거절에 대한 두려움, 실수에 대한 두려움, 모순되는 선택을 맞닥뜨림, 마비되는 느낌, 신중하게 대응하지 않고 충동적으로 반응하는 것 등. 이 중 친숙하게 느껴지거나 마음에 와닿는 부분이 있을까?

과거의 그림자, 다른 이들과 사회의 목소리로부터 울려 퍼지는 메아리는 종종 우리의 마음과 영혼의 지혜를 말하는 내면의 목소리를 묻히게 만들어. 수년간의 조건화와 메시지, 부정적인 경험으로 인해 직관적인 '나'가 사라져버리고, 때로는 먼 곳에서 들려오는 속삭임처럼 느낄 수도 있어. 과거의 고통으로 인해 촉발된 격렬한 감정은 주의 깊은 대응이 아닌 마음놓침 상태에서의 반응으로 이어질 수 있어. 만약 상처받았거나, 신뢰가 깨졌거나, 나쁜 선택을 한 적이 있다면, 자신의 안녕을 위한 **가장 건강하고 최선**인 결정을 내리고 있다는 것을 어떻게 알고 신뢰할 수 있을까? 그리고 어떻게 하면 무분별하게 반응하지 않고 신중하게 대응할 수 있을까? 선택 알아차리기는 카메라 렌즈를 확대하고 축소하듯 무언가를 보고 인식하는 방법에 관한 연습이야. 마음챙김의 일부인 이 연습에서는 알아차림을 통해 주의를 기울이고 집중하고 싶은 것을 선택해볼 수 있어.

나는 지금 '배화외피' 상태일까?

고통이나 두려움에 대한 인식은 종종 변화를 위한 강력한 원동력이 될 수 있어. 너를 위한 건강한 선택의 첫 번째 단계는 결정을 내리거나 행동하기 **전에** 너의 감정을 점검하고 알아차리는 거야. 너를 존중하지 않는 행동을 하기 전에 너 자신을 점검해보렴. 완전히 방전되어 있거나, 고통이 심하거나, 두려움을 행동화하고 있을 때 사람들은 종종 감정적이거나 충동적으로 반응하고, 최선의 이익에 부합하지 않는 선택을 하는 경우가 많아. 어떤 선택을 하거나 특정 상황에서 어떻게 대응할지 결정하기 전에 약어 '배화외피'를 사용해서 다음 질문을 자신에게 해 보자.

나는 '**배**' 고픈가?
나는 '**화**' 난 걸까(혹은 **불**안한 걸까)?
나는 '**외**' 로운가?
나는 '**피**' 곤한가?

이 중 하나 이상에 '그렇다'라고 답했다면, 먼저 자신의 필요를 어떻게 충족시킬 수 있을지 해결책을 생각해보자. 예를 들어, 외로울 때는 친구와 이야기를 나누려 전화해 볼 수 있어. 피곤하다면 쉬도록 하자. 욕구가 충족되어 결정을 내리거나 행동하기에 더 나은 상태가 될 때까지 큰 선택이나 결정은 미루는 거야.

하나 더: 지혜롭게 선택하기

안타깝게도 우리는 고통, 외로움, 공허함, 수치심, 죄책감, 비난, 건강 상태 조절, 두려움, 자기 의심과 씨름하고 있는 동안 크고 작은 결정을 내리게 되곤 해. 이 씨름하는 대상 중 한 가지 또는 그 이상이 직관적인, 즉 알아차리는 자아를 이기고 승리를 가져가. 우리 모두 인간이라 이런 일은 생기기 마련이야. 지극히 정상적인 현상이지. 실수를 했다고 해서 실패자가 되는 건 아니야.

중요한 것은 알아차리는 거야. 실수가 일어나고 있다는 **사실**을 확인하고, **언제** 그런 일이 일어나는지 파악하고, 그것이 어디서 생겨나는지 인정하는 거지. 그러면 의사결정 과정에서 지혜롭게WISE 다른 선택을 할 수 있어.

이 네 가지 단계를 일상 속 선택에 적용하기 시작하면 완전히 다른 세상이 만들어질 거야.

1단계: 씻어내기Wash(W)

성장과 안녕에 도움이 되지 않는 모든 것을 씻어내자. 주어진 상황에서, 가능할 때마다, X를 선택하는 것이 성장에 도움이 되는지, 아니면 신체, 정서적 자아, 영적 자아, 인간관계 또는 너 자신에게 가치 있는 삶의 다른 측면에 도움이 되는지 자신에게 물어보자. 1~10점 척도로 평가해 볼 수도 있어. 기쁨, 목적, 건강 또는 성장에 기여하는 정도가 몇 점쯤인지 자신에게 물어보는 거야. 7점 미만일 경우, 가능하다면 "안 돼"라고 거절하자.

2단계: 직감Intuition(I)

너의 직감에 귀를 기울여 봐! 진정으로 원하는 목표를 달성할 수 있도록 도울 수 있는 유일한 사람은 너 자신이야. 답은 네 안에 있어. 스스로 **허락**하지 않는 한 아무도 네 삶의 방식을 판가름할 수 없어. 전적으로 너에게 달린 거야. 자신에게 도움이 되는 선택을 하자. 자신을 믿어봐. 자신의 권한을 다른 누군가에게 양보하지 마. 직감은 항상 어떤 일이 좋은지 좋지 않은지, 옳은지 그른지를 알려주지. 우리는 모든 예상, 고통, 두려움, 벽, 자기 의심, 판단 때문에 직감에 귀를 기울이지 않는 경우가 많아. 직감을 활용하는 가장 좋은 방법 중 하나는 너의 몸에 주파수를 맞추고 내면으로 들어가 보는 거야. 눈을 감고 심호흡을 몇 번 한 다음 몸을 스캔하여 네 기분이 어떤지 살펴보면 돼. 무엇이 떠오르든 그저 알아차려 보자. 이 간단한 연습에서 종종 훌륭한 통찰을 얻을 수도 있어.

3단계: 내맡기기Surrender(S)

너의 생각이나 감정과 싸우려고 하거나 다른 사람에게 너를 증명하거나 정당화해야 한다고 느끼는 대신, 너 자신에게 내맡겨 보자. 이는 위험하거나 안전하지 않은 상황에서 너의 힘을 포기하는 걸 의미하는 게 아니야. 가지고 있는 경험이나 감정에 맞서 싸우거나 예방하거나, 통제하려고 하거나 다른 사람과의 상호작용에서 반응하지 않으려는 대신, 현재 경험이나 감정에 너 자신을 맡기는 걸 의미해. 모든 것을 놓아주자. 어떤 경험, 감정이 일어나든 그저 일어나도록 두는 거야.

4단계: 일깨우기Excite(E)

더 큰 직감으로, 더 의식적으로, 더 잘 알아차리며, 더 깨어남에 따라, 예전에 네게 영감을 주고 영혼에 활력을 불어넣어 주었던 것들을 다시 접해 보자. 새로운 떨림 속에서, 새로운 나를, 신나게 하는 새로운 것들도 찾아보자. 취향이나 관심사가 바뀌었을 수도 있어. 많이 놀라울지도 몰라. 한 번 시도해봐! 열린 마음으로 해 보는 거야. 어떤 음식을 좋아하고, 어떤 음악에 감동받고, 어떤 영화를 보고 싶지? 이제 판단이나 과거의 그림자나 메아리에 방해받지 않고, 스스로에게, 진정으로 너 자신에게 물어볼 시간이야. "나는 누구이며, 왜 여기에 있고, 무엇을 원하며, 무엇이 매일 나를 움직이게 하는 원동력이 될까?"

마음에 새길 핵심 메시지

삶의 특정 영역을 통제할 힘은 없을지도 모르지만, 스스로 선택할 수 있는 힘은 지니고 있다. 과거의 망령이 현재를 괴롭히도록 내버려 두기보다 과거의 교훈에서 배울 수 있다. 자신이 '배화외피' 상태인지 평가하기 위해 주의 깊게 잠시 멈추고, 반응하기보다는 대응하는 방법을 배워보자. 직관적인 자아에 다가가 의식적이고 지혜로운 선택을 시작하자.

활동 19

건설적으로 분노 다루기

알아두면 유용한 정보

분노에는 이유가 있기에 인정하고 이름을 붙여줘야 해. 분노는 우리의 정체성과 경계 설정이 필요한 순간에 힘이 되어주고 우리를 더 명료하게 해주지. 피해를 입었다거나, 위협받는다거나, 무력하다고 느낄 때 분노가 일어날 수도 있어. 가벼운 정도부터 격렬한 정도까지 다양한 방식으로 표현되고, 사람마다 다른 이유로 촉발되지. 분노를 표출하거나 안으로 돌려서 억누르는 것(우울증은 분노가 내면으로 향하는 것으로 설명되기도 해) 모두는 신체적, 정신적 건강에 해로운 영향을 미칠 수 있어. 분노를 건설적으로 관리하고 표출하는 방법을 배우는 것이 중요해.

분노를 다루거나 표출하는 건설적인 방법

분노, 두려움, 절망과 같은 강렬한 감정을 느끼는 건 건강하고 자연스러운 현상이야.

감정을 부정하거나 피하려고 하면 할수록, 시간이 지남에 따라 그 감정이 우리를 더 강하게 잡아먹을 수 있어. 그 감정이 무엇이든, 그것이 아무리 불쾌하거나 원치 않는 것이든 간에, 그 감정에는 이유가 있어. 우리는 종종 "잊어버려라"라는 말을 듣지. 아픈 말이야. 이런 말은 불쾌하거나 인정받지 못하는 것처럼 느껴지기도 해. 고통스러운 경험에 대해 특정 방식으로 느끼는 것을 '잊어버려야' 한다는 생각 대신, 그와 관련된 감정을 '통과'하거나 '헤쳐나간다'고 생각해 보자.

수십 년 동안 트라우마 생존자들과 함께 일해 온 피터 레빈 박사는 인간의 트라우마를 이해하는 열쇠는 동물의 동결 반응과 그 이후에 일어나는 일들에 있다고 해. 치타에게 쫓기는 임팔라를 상상해 봐. 치타가 임팔라를 덮치는 순간, 임팔라는 축 늘어진대. 임팔라는 '죽음이 임박한 것처럼 보일 때 모든 포유류가 공유하는 의식의 변화된 상태에 본능적으로 진입'한 거야(Levine & Frederick 1997). 중요한 건 임팔라가 탈출 직후에 하는 행동이야. 임팔라는 몸의 모든 부위를 털고 흔들며 쌓인 트라우마 에너지를 정화해. 마찬가지로 신경생물학자 로버트 사폴스키는 얼룩말과 다른 동물들이 스트레스를 해소하는 방법을 알고 있는데, 그들은 그저 스트레스를 털어내고 다시 그 순간을 살아간다고 썼어(Sapolsky 1994).

우리 인간은 분노를 떨쳐버리는 게 쉽지 않아. 억눌리고 화난 에너지를 내면에 쌓아두면 자신을 좀먹을 뿐만 아니라, 내면을 향한 에너지가 결국 자신을 상처 입히기도 하지. 또 억울함과 수치심, 우울증을 유발하기도 하고, 밖으로 표출되고 공격적으로 폭발해서 다른 사람에게 상처 주게 되기도 하지. 하지만 복잡한 인간인 우리도 임팔라나 얼룩말처럼 쌓인 에너지를 '털어내고 극복'할 여러 가지 방법이 있어.

다음은 분노가 생겼을 때 쌓아두지 않고 해소하거나 표출할 수 있는 몇 가지 건설적인 방법이야.

마음 한 걸음 더 돌보기

- 화가 나는 생각과 감정을 모두 글로 적기. 변화가 있는지 확인하기 위해, 글로 적기 전과 후의 분노를 1에서 10까지의 척도로 점수를 매겨볼 수도 있어. 그러고 나서 원한다면 찢어서 버려도 돼.
- 임팔라와 얼룩말처럼 문자 그대로 몸 흔들어 보

기. 몸 전체를 흔들거나 손, 팔, 다리만 흔들거나 위아래로 뛰기.

- (안전하다면) 샤워하면서 또는 베개에다 대고 큰 소리로 외치거나 조용히 마음속으로 소리치기.
- 깊은숨을 10번 쉬거나, 숨을 들이마시고 내쉬면서 숫자 세기(숨을 들이마시며 하나, 숨을 내쉬며 하나 등).
- 넷까지 세면서 숨을 들이쉬고, 여섯까지 세면서 숨을 내쉬는 '스트레스 완화 호흡'하기.
- 두 손을 꽉 맞잡은 채 열까지 세기.
- 차분한 분위기의 음악, 행복한 즉흥 연주곡, 에너지가 샘솟는 음악 등 원하는 음악 듣기.
- 안전하고 괜찮다면 풍경이 바뀌도록 걸으면서 털어내기.
- 춤추면서 풀기. 에너지가 넘치는 노래를 골라 춤추기.
- 주의를 옮겨서 마음을 편안하게 해주는 무언가나 누군가(자연, 반려동물, 친구 사진)에게 집중하기.
- 서 있는 상태에서 발가락과 발을 땅으로 세게 밀기.

분노 유발 일지 쓰기

화가 치밀어 오를 때는 보다 상세한 분노 일기를 사용해 무엇이 나를 화나게 하고, 내가 거기에 어떻게 반응하는지 추적해 볼 수도 있어. 다음은 분노에 대해 마음챙겨 주의를 기울이는 데 도움이 되는 몇 가지 생각해볼 만한 질문이야.

- 무엇이 분노를 유발했지? 사람, 장소, 사물 및 상황을 고려해 보기.
- 1에서 10점까지의 척도로 분노 점수 매기기.
- 어떤 생각이 떠올랐지?
- 어떤 감정을 느꼈지?
- 몸에서 어떤 신체감각을 느꼈지?

- 화가 난 다음에는 어떻게 했지?
- 그러고 나서 기분은 어땠지?
- 어떻게 해결되었지?
- 돌이켜볼 때, 어떤 부분이든 다르게 할 수 있었던 점이 있었다면 무엇일까?

이러한 정보를 계속 추적하다 보면 분노를 유발하는 요인, 분노를 알아차리는 방법, 내가 일반적으로 분노에 어떻게 반응하는지에 대한 인식과 통찰을 얻을 수 있어. 그런 다음 무엇이 도움이 되고 해로운지, 또한 화가 치밀어 오르는 상황을 가장 잘 처리하는 방법과 반응하는 대신 주의 깊게 대응하는 방법을 배울 수 있을 거야.

하나 더: 분노를 효과적으로 표현하는 단계

1. 마음챙겨 잠시 멈추기

화가 치밀어 오르는 것을 느낄 때 가장 먼저 해야 할 일은 마음챙겨 잠시 멈추는 것이야. '빨간불이 켜지고 있을 때'는 자기 조절과 판단력을 돕는 뇌 부위가 작동을 멈추기 때문에, 분노로 인해 충동적으로 행동하거나 말하는 모든 것이 상황을 악화시킬 가능성이 높아. 멈추는 동안 그 상황이나 환경에서 잠시 벗어나 혼자 마음을 가라앉힐 수도 있어.

2. 호흡하며 열까지 세기

열까지 세는 동안 자신의 호흡을 알아차리고, 마음을 진정시키고, 자신의 기분을 검토하는 시간을 가지면 무의식적으로 반응하지 않고 신중하게 대응할 여유를 가질 수 있어. 이 활동의 앞부분에 나열된 권장 행동 중 하나를 시도해 볼 수도 있어.

3. 분노 뒤에 숨은 감정 파악하기

종종 분노는 우리가 쓰는 가면이며, 분노를 유발하는 상처, 두려움, 슬픔, 피로, 침범당한 느낌, 외로움, 억울함, 압도되는 느낌, 거부감, 인정받지 못하거나 상대방이 네

말을 듣지 않거나 너를 보지 않는 느낌과 같은 다른 고통스러운 감정이 분노의 이면에 숨어 있어. 분노 뒤에 무엇이 있는지를 알면 다른 사람에게 설명할 때 도움이 되어 상대방이 너를 더 잘 이해하고 공감할 수 있지. 예를 들어, 단순히 화가 났다는 말 대신 상처받고 거절당했다는 느낌을 받았다고 말하는 것처럼, 이면의 감정을 설명할 수 있다면 사람들이 진정으로 네 말을 듣고 경청할 가능성이 더 높아.

4. MI 메시지 사용하기

MI-메시지(Mindfulness I 마음챙김 '나' 메시지)는 너의 감정을 다른 사람에게 마음챙김하며 표현하는 방법이야. 이렇게 하면 상대방이 방어적인 태도를 취하기보다는 우리의 말을 경청하며 말할 차례를 기다릴 가능성이 커지게 돼. 1, 2, 3단계에서는 신체적으로나 정서적으로 자신이 어떻게 느끼는지 주의 깊게 확인했지. 그런 다음, 다음 공식에 따라 상대방에게 대응해 보자. "네가 ____(행동)할 때, 나는 ____(이유) 때문에, (느낌)을 느껴." 이러한 표현은 상대방을 판단하거나 비난하지 않고(상대방이 비난**받아야 한다**고 느끼고 있다면 쉽지 않겠지만) 그 대신 문제와 그에 대한 나 자신의 감정에 초점을 맞추는 거야. 이미 자신의 감정을 확인했으므로 이 단계에서 상대방에게 감정을 전달할 수 있지. 예를 들어 "네가 예고 없이 불쑥 찾아올 때, 나는 예전에 경계를 침범당한 경험이 많기 때문에, 내 경계가 침범당하는 기분이 들어." "네가 나 말고 다른 이성을 쳐다볼 때, 나는 가족에게 무시당한 경험이 많기 때문에, 거절당하는 기분을 느껴." 등으로 표현할 수 있지. 네 감정을 상대방에게 직접 말하는 것이 안전하게 느껴지지 않는다면, 종이에 적어보며 자기 자신을 인정해 줄 수도 있어.

5. 단호하면서도 존중하는 태도를 취하고, 요구가 아닌 요청하기

너의 감정을 명확하게 표현하되, 상대를 존중하는 태도를 보이자. 이는 상대방에게 원하는 것을 요청할 때, "부탁해요" 또는 "고마워요"라고 말하는 것처럼 간단할 수 있어. 요구하는 대신 요청하면 상대방이 우리의 말을 듣고 필요한 사항을 들어줄 가능성이 커지곤 해. 예를 들어, "부탁이 있어. 나와 대화할 때는 나를 봐주면 정말 고맙겠어"라고 말하는 것이, "내가 말할 때는 나를 좀 봐!"라고 말하는 것보다 훨씬 더 잘 전달되고, 듣는 사람에게도 더 잘 받아들여질 거야.

마음에 새길 핵심 메시지

분노에는 나름의 이유가 있으며, 우리는 이를 보고 들을 필요가 있다. 분노를 인정한 후에는 자신이나 다른 사람에게 상처를 주지 않으면서 건설적인 방향으로 분노를 표현할 방법을 찾는 것이 도움이 된다. MI 메시지는 이를 수행하는 효과적인 방법 중 하나다.

4단원

방향을 바꿔 다시 시작하기: 역경을 딛고 성장하기

TRAUMA

살아남기에서 잘 살아남기로: 건강과 희망으로 향하는 길 열기

활동 20

건강하게 경계 세우기

알아두면 유용한 정보

경계를 세우고 선을 긋는 건 어렵지만 중요한 일이야. 건강한 관계를 맺고 균형 잡힌 삶을 살며 자신의 정체성을 확립하려면 경계를 세우는 방법을 배우고 실천할 능력을 갖추어야 해. 하지만 안타깝게도 우리 대부분은 이 기술을 가르침 받지 못했거나 주변에 본보기로 삼을 만한 사람이 없을뿐더러, 만약 학대 경험처럼 심각하게 경계를 침범당했거나 침범당하고 있는 경우라면 이 기술을 배우는 게 더 어렵고 불편할 수 있어. 경계를 주장하는 게 무섭거나, 죄책감이 들고 이기적이라고 느낄 수도 있지. 또는 반대로 누군가 너의 경계선을 넘었을 때 이용당했다거나, 홀대당했다거나, 침해당한 느낌이 들 수도 있고, 억울하거나 존중받지 못한다고 느낄 수도 있어. 그리고 경계를 세우는 게 안전한 상황인지도 살펴보아야 해.

경계란 무엇일까?

그렇다면 경계란 정확히 무엇일까? 자신을 위해 세우는 신체적, 정서적 제한을 경계라 할 수 있는데, 굉장히 유연한 것부터 매우 강경한 것까지 모두 아우른다고 보면 돼. 건강한 경계는 이 연속선상의 중간 어디쯤에 있을 거야.

신체적 경계에는 개인 공간, 신체 접촉이나 성에 관한 편안함, 휴식, 음식, 물 같은 신체적 필요에 대한 욕구나 선호가 포함되지. 안전한 상황에서는 신체적 공간이 더 필요하다거나, 신체 접촉이나 특정 성적 행동이 불편하다거나, 배고프거나 피곤하다는 걸 다른 사람에게 알려도 괜찮아.

정서적 경계란 너의 느낌과 욕구가 다른 사람들로부터 존중받는 거야(그리고 그 반대도 마찬가지지). 여기에는 너의 느낌을 스스로 존중하고, 다른 사람이 느끼는 걸 대신 책임지려 하지 않는 것까지 포함돼. 누군가가 너의 느낌을 비하하거나, 틀렸다고 하거나, 무시하거나, 비난한다면 그 사람은 너의 정서적 경계를 침범한 거라고 할 수 있어.

안전이 최우선이라는 걸 기억해! 집에서나 연애 관계에서 경계를 세우는 게 안전한지 살펴보는 게 중요해. 경계를 세우기에 안전하지 않은 상황이라면 이 책 뒷부분에 있는 자원 부분에서 도움받는 것이 좋아. 변화의 첫 단계는 알아차리는 것이니까. 실천할 수 없는 상황이라면, 무엇보다도 안전하게 지내야 해. 행동하지 못할지라도 최소한 네 경계가 어떤지, 어때야 하는지를 아는 것만으로도 중요한 한 걸음을 내디딘 거야. 너의 직감이 뭐라고 하는지 살펴보자. 경계를 세우기 안전한 상황인지 평가하기 위해 1단원에 실린 '안전 점검하기'를 작성해 볼 수도 있어.

건강한 경계 세우기

건강한 경계를 세우고 그걸 다른 사람들에게 표현한다면 다음과 같이 행동하게 될 거야.

- 자기 자신을 돌보기
- 필요한 것을 요청하기
- 내 가치와 선호를 비롯하여, 나 자신이 어떤 사람인지 알기
- 내 가치와 선호에 따라 행동하기
- 안전한 상황이라면, 힘겨운 감정 표현하기
- 설명이나 사과 없이 거절하기
- 죄책감이나 의무감 때문이 아니라 내가 하고 싶어서 "그래"라고 말하기
- 자기 행복을 스스로 책임지기
- 다른 사람의 행복에 책임감 느끼지 않기

마음 한 걸음 더 돌보기

건강한 경계를 설정하기 위해 다음 조언을 따라 해 보자.

- 너의 개인적 경계(정서적, 신체적 모두)와 한계를 파악해 보자. 참을 수 있고 받아들일 수 있는 것과 그렇지 못한 것들이 무엇인지 곰곰이 생각해 보자. 주의를 기울여 보기 시작하면서 무엇이 너를 불편하고, 불안하고, 안전하지 않다고 느끼게 하는지 더 많이 알아차려 보는 거야. 이것들을 떠올릴 수 있도록 어딘가에 적어둘 수도 있어. 이는 너의 경계가 어디쯤인지, 언제 침해되는지 알려주는 단서가 되어줄 거야. 만약 종이에 적었는데 그걸 가지고 있는 게 안전하지 않다면, 적고 나서 종이를 잘라서 버려도 괜찮아.
- 너 자신에게 친절하고 자비롭게 대해보자. 두려움, 자기 의심, 비난, 수치심, 죄책감은 우리가 경계를 강력히 주장하기 시작할 때 흔히 일어나는 느낌이야. **내가 이런 경계를 세울 자격이 있나? 그냥 이기적으로 구는 거 아냐? 이렇게 하면 상대방이 상처받거나, 내가 거절당하게 되지 않을까?** 두려움으로 인해 이런 물음들이 흔히 떠오르기도 해. 경계를 세울 수 있도록 너 자신을 허락해주고, 너에게 그럴 권리가 있다는 걸 알길 바라. **나는 나 자신을 위해 경계를 세울 자격이 있어. 또는 나는 나 자신을 친절하게 대할 거야** 같이 너 자신에게 들려줄 확언까지도 만들어 볼 수 있어.
- 너 자신, 그리고 너의 건강을 우선순위로 두자. 너를 최우선으로 두는 건 '나와 내 느낌'이 중요하다고 너 자신에게 들려주는 방법이야. 이렇게 하면 경계를 세

우고 유지할 동기가 강해지지. 너 자신을 우선순위에 두면 너의 안녕을 책임지면서 동시에 삶에서 중요한 다른 이들에게 더 많은 에너지와 관심을 쏟을 수 있게 될 거야.

- 너에게 무엇이 필요한지 **분명하고 간결하게** 의사소통하자. 너의 경계와 욕구가 무엇인지 알아내는 게 첫 단계야. 이것들을 명확하게 알았다면, 다른 누군가가 경계를 넘어왔을 때 분명하게 이를 전달하면 돼. 그렇게 하는 게 안전한 경우라면 말이야. 정중하고도 분명한 방식으로 알려주는 건 상대방이 네 마음을 읽을 수 있다고 어림짐작하지 않는다는 것이기도 해. 상대방에게 변화할 기회를 주는 것이기도 하지. 지나친 설명을 곁들일 필요 없이 간단하게 전달하자.

하나 더: '안 돼'라는 완전한 문장

경계를 세울 때 자신을 설명하고픈 욕구를 느끼는 건 그야말로 정상이지만, "안 돼"라는 말은 답일 뿐만 아니라 그 자체로 충분해. 추가 설명은 필요치 않아. 거절하는 게 나쁘고, 이상하고, 어색하게 느껴지는 것도 완전히 정상이야. 특히 죄책감을 느끼면서 자라왔거나 많은 것에 대해 비난받았었다면 (또는 아직도 받고 있다면) 말이야. 자신을 설명하지 않으면서 거절하기를 배우는 건 내 삶에서 건강한 경계와 관계를 만드는 큰 걸음을 내딛는 거야.

누군가가 너에게 불편하거나, 불안하거나, 안전하지 않다고 느껴지는 어떤 행동을 하게 했지만, 딱 잘라 말하지 **못해** 경계를 세울 수 없었던 순간을 떠올려 보자. 당시 상황을 묘사해 보고, 상대방이 너에게 어떤 행동을 하라고 했는지 적어 보자.

그 상황은 너에게 어떤 기분이 들게 했어?

그 상황에서 너는 어떻게 말하거나 반응했어?

이번에는 누군가가 너에게 불편하거나, 불안하거나, 안전하지 않다고 느껴지는 어떤 행동을 하게 했지만, 안 된다고 **말하며** 경계를 세웠던 순간을 떠올려 보자. 당시 상황을 묘사해 보고, 상대방이 너에게 어떤 행동을 하라고 했는지 적어 보자.

그 상황은 너에게 어떤 기분이 들게 했어?

그 상황에서는 어떻게 말하거나 반응했어?

마음에 새길 핵심 메시지

경계를 세우고 다른 이들에게 이를 표현하는 것은 건강한 정체감, 건강한 대인관계, 건강한 삶 전반을 확립하는 데 필수이다. 이러한 행동은 자기 자신을 돌보고 존중하는 방식이다.

활동 21

나를 위해 존재하는 자기 돌봄

알아두면 유용한 정보

자신을 돌보는 건 이기적인 것과는 달라. 너를 사랑하는 행동이자 너의 건강과 안녕을 위해 필수적인 행동이지. 사람들은 자기 자신보다 삶에 나타나는 모든 이들과 모든 일을 우선으로 두곤 해. 하지만 연료가 다 떨어진 상태로 다른 이들을 돕거나 일상 속 약속을 지킬 수는 없어. 바로 와닿을 예를 들어보자면, 핸드폰을 한 번 떠올려 봐. 핸드폰이 늘 충전되어 있는지 확인해서 방전되지 않게 하잖아? 핸드폰 배터리가 살아 있고 잘 작동하도록 하는 데도 그렇게 신경을 쓴다면, 최소한 비슷하게(더는 아니더라도!) 우리 내면의 배터리도 충전되어 있도록 신경 써야 하지 않을까?

안타깝게도 어떤 환경에서는 네게 필요한 돌봄과 애정을 받는 유일한 방법이 자신으로부터 받는 것밖에 없기도 해. 중요한 사람들로부터 돌봄과 사랑을 받는 게 당연한데도 말이야. 때로는 자기 돌봄에 더욱 많이 기대어야 하는 순간도 있을 거야. 그래서 이런 조건에서 자기 돌봄을 실천하는 게 더욱 중요하지.

나를 위해 존재하는 자기 돌봄

마음 한 걸음 더 돌보기

자기 돌봄이란 너의 신체적, 심리적 안녕을 지지하는 여러 방법에 주의를 기울이고 실천하는 거야. 건강과 안녕을 지키거나 더 나아지게 하기 위해 **네가** 하는 행동에는 무엇이 있을까? 다음은 자기 자신을 위해 존재하려 할 때 시간을 내어 할 수 있는 행동 중 일부야.

- 친구와 함께 시간 보내기
- (반려)동물과 시간 보내기
- 자연 접하기/밖으로 나가기
- 잡동사니 치우기/내 공간 정리하기
- 일기 쓰기
- 따뜻한 물로 목욕하거나 샤워하기
- 나를 웃게 만드는 기분 전환용 노래 듣기
- 내 영혼을 달래주는 편안한 음악 틀기
- 휴식을 취하고 건강한 수면 위생 만들기
- 건강한 경계를 지키고 SNS 사용 제한하기
- 여러 취미나 관심사 중 한 가지 실행하기
- 건강한 오락 활동하기(넷플릭스나 유튜브 같은)
- 기분을 끌어올리는 명언 읽기
- 기분이 좋아지는 팟캐스트 듣기
- 몇 초 동안 미소 짓기
- 춤추며 돌아다니기
- 낮잠 자기
- 행복해지는 일이나 감사한 일들 적어보기
- 무언가를 만들거나 창작하기
- 건강한 음식을 요리하고 먹기

- 몸 움직이기, 산책하기
- 활동 17에서 설명한 착지법 중 한 가지 연습하기
- 심호흡 몇 번 하기
- 기분 좋은 냄새 맡기
- 맛있는 거 먹기

다른 아이디어가 있다면 여기에 추가해 보자: ______________________

____

____

위 방법들 중 이미 해 본 건 뭐야? 앞으로는 어떤 걸 시도해보고 싶어? 이 질문들에 대해 아래 공간에 답해보자.

자기 돌봄 추적 일지 활용하기

우리는 늘 다른 사람을 위하라는 말을 듣지. 그런데 이제는 너 자신을 위해보면 어떨까? 네가 가치가 있고, 시간을 쏟고 돌봄을 받을 자격이 있다는 걸 스스로 보여주기 시작하는 차원에서 15분 정도 걸리는 **짧고 굵은** 활동을 최소한 매일 하나씩 해보자. 더불어 1시간 정도 걸리는 **초대형** 활동을 일주일에 최소한 하나씩은 실천해 보자. 그리고 자기 돌봄 추적 일지를 이용해서 이 활동 기록을 남겨보는 거야. https://kcbs.ne.kr/books에서 사본을 다운로드할 수도 있어.

앞으로 1주일 동안, 아래 주어지는 일지에 매일 하루를 마무리할 때 종류별로 무엇을 해 보았는지 적어 보자. 침대 근처에 두고 잠들기 전에 기록해 볼 수도 있어.

조언: 짧고 굵은 활동은 최소한 매일 하나씩, 초대형 활동은 최소한 매주 하나씩을 시도해보는 거야. 초대형 활동을 매일 채워야 한다고 부담을 갖지는 말자. 만약 이것보다 더 많이 했다면 대단한 거야! 달성 가능한 목표를 정해서 단계적으로 해 나가는 것이 좋아.

나를 위해 존재하기: 자기 돌봄 추적 일지

요일	짧고 굵은 활동	하고 난 다음 기분은?	초대형 활동	하고 난 다음 기분은?
예시: 월요일	내가 좋아하는 신나는 노래를 들었음	기분이 나아짐, 덜 불쾌함	강아지 데리고 산책을 다녀옴	더 활기참, 기분이 좋아짐, 좀 더 의욕이 남
월요일				
화요일				
수요일				
목요일				
금요일				
토요일				
일요일				

하나 더: 자기 돌봄 응급 배낭

자기 돌봄은 언제나 유용하고 필요해. 그렇지만 힘든 하루를 보냈거나 괴로운 시기를 보내고 있다면 자신을 위한 시간을 따로 내는 것이 한층 더 중요해지지.

화재나 지진에 대비해서 많은 사람이 차량이나 집에 보관하는 응급 배낭을 생각해 보자. 힘든 하루에 대비하기 위한 배낭에는 무엇을 넣고 다니고 싶어? 자기 돌봄 추적 일지에 작성한 활동과 같은 것들이 많겠지만, 특히나 벅찬 하루를 보냈을 때 의지가 될 만할 다른 것들이나 더 필요한 무언가가 있을지도 몰라.

배낭 앞주머니에는 쉽게 할 수 있는 자기 돌봄 활동과 도구를 넣어둘 거야. 시간이 얼마 걸리지 않거나, 힘들이지 않고 늘 활용할 수 있으니까. 이 주머니에 넣어두고 싶은 손쉬운 활동과 도구를 적어 보자. 이것들은 짧고 굵은, 즉 간단하면서도 강렬한 활동일 수도 있고, 특히 힘든 날을 보낼 때 더 의지할 수 있는 다른 것일 수도 있어. 이번 활동 시작 부분에 작성해 두었던 목록을 참고해서 아이디어를 얻어 보자.

가방의 더 큰 칸에는 R로 시작하는 활동, 즉 휴식하기, 초기화하기, 연료 채우기, 충전하기, 다시 영점 맞추기, 회복하기, 다시 연결되기에 도움이 되는 더 큼지막한 것들을 넣어둘 거야. 필요하다면 15번 활동을 다시 살펴볼 수도 있어. 배낭의 더 큰 칸에 넣어두고픈 모든 자기 돌봄 활동을 적어 보자. 초대형 자기 돌봄 활동에 속했던 것과 같은 것들도 있을 테고, 특히 벅찬 날 더 의지하고픈 다른 것들일 수도 있어.

마지막으로 배낭 안쪽 숨은 공간에는 너를 지지해 주는 모든 사람과 개인적으로 기념될 만한 것들이나 순간들을 보관해 둘 수 있어. 이 공간에 데려올 사람은 누구일지, 기념품(사진, 조약돌, 기록)은 무엇일지 적어 보자. 안전하고, 지지받고, 사랑받고, 안심되고, 차분하다고 느껴야 할 때 의지할 만한 대상이나 사물을 떠올려 보는 게 도움이 될 거야.

마음에 새길 핵심 메시지

자기 돌봄은 이기적인 것과는 다르다. 우리가 생존하고 건강과 균형을 지키는 데 있어 자기 돌봄은 필수다. 자신을 위해 존재하겠다고 다짐하고, 매일 몇 분만이라도 어떤 종류이든 자기 돌봄 활동을 실천하자.

활동 22

감사의 정원 가꾸기

알아두면 유용한 정보

20년 넘게 연구한 결과, 우리 내면과 주위의 좋은 점을 찾아내어 집중하고, 감사함을 느끼고 표현하는 것이 우리의 안녕, 행복, 삶 및 대인관계 질 향상과 관련된다는 사실이 입증되었어. **감사하기**란 정서적, 신체적, 영적인 것 등 삶에서 내가 가진 것들에 감사함을 경험하고 표현하는 방식이라고 정의할 수 있어.

하지만 현실을 보자. 주어진 하루에 감사함을 느낄 지점을 찾기 힘들거나 불가능하게 만드는 여러 요인이 있지. 특히 어릴 적에 독성 스트레스, 트라우마, 역경을 겪었다면 감사함을 느끼는 건 더욱 더 어려운 일일 거야. 하지만 감사하기는 우리의 시야를 넓혀 큰 그림과 그 결과로 올 수 있는 기회들을 볼 수 있게 해서 상실과 트라우마로부터 회복되는 데 도움이 된다고 해.

감사의 정원에 무엇을 심을까?

우리에게 빈 땅과 함께 씨앗, 농기구, 묘목, 비료 같은 정원을 가꾸는 데 필요한 기본 원예 용품이 주어진다고 상상해 보자. 이것들은 우리가 지금까지 겪은 경험들과 축적해 온 자원을 나타내는 거야. 견뎌낸 트라우마와 역경이 정원이 될 땅, 특히 흙에 영향을 미쳤다고 생각해 봐. 운 좋게 그런 경험을 한 번도 겪지 않은 사람의 땅보다 우리의 땅이 조금, 또는 많이 비옥하지 않을 수도 있어. 시작할 때 흙이 말라 있고 영양분이 없고 용품도 부족하다면, 감사의 정원을 가꾸고 키우는 데는 상당한 양의 시간과 사랑과 헌신이 필요할 거야. 그리고 메마른 흙과 잡초는 쉽게 눈에 띄는 한편, 거기서 아름다움을 발견하고 다시 사용할 수 있는 건강한 땅으로 만드는 일은 더 어려울 수도 있어.

삶에 역경이나 트라우마가 없었거나 많지 않았던 사람은 주위를 둘러보면 이미 아름다운 정원을 볼 수 있으니 감사한 일들을 한가득 늘어놓는 게 쉬울 거야. 시작할 때부터 영양분이 풍부한 비옥한 토양으로 더 나은 토대가 마련되어 있는 셈이지. 사용할 수 있는 비료, 농기구, 씨앗, 꽃이나 과일이나 채소의 어린 싹도 많이 주어졌을 거야. 이 정원 가꾸기의 시작은 분명 불공평해. 이들에게 정원의 모습을 그리고 감사한 일 모두를 담아보라고 하면 아마 쉽게 할 거야.

더 어렵다고 해서 메마른 흙과 잡초 사이에서 씨앗과 꽃봉오리를 찾아낼 수 없다는 건 아니야. 찬란한 과일나무, 화려한 장미, 향기로운 허브가 가득한 풍성하고 아름다운 정원을 가꿀 수 없다는 것도 아니야. 그저 더 많은 노력과 주의집중이 필요할지도 모른다는 거지. 하지만 그렇기에 더 큰 의미가 있지 않을까? 우리가 겪어낸 경험이 주는 선물이 존재할 가능성도 있지 않을까? 더 섬세하고 공감을 잘 하는 사람이 된 것처럼 말이야. 어쩌면 나에게 거저 주어진 게 아니라서 더 감사하게 될지도 몰라. 삶에서 이런 어려움이 없었던 누군가에게는 그저 평범하거나 '당연한' 것으로 여겨지는 것들을 얻는 게 우리에겐 쉽지 않았으니까.

감사의 정원 그려보기

자신에게 물어보자. "바로 지금 내가 감사하다고 느끼는 건 무엇이지?" 184페이지 여백에 감사의 정원을 그려보자. 창의적으로 해 보는 거야. 여기에는 정답도 오답도 없으니까. 단어나 인용문이나 문구를 적어도 돼. 이미 가지고 있어 감사한 사물이나 사람(또는 동물), 경험, 자원, 능력을 그려볼 수도 있어. 꽃이나 나무, 물이나 농기구 같은 형태로 표현할 수도 있지. 과거 또는 현재로부터 온 것들일 거야. 글 또는 그림을 사용할 수도 있고, 둘 모두를 조합해 볼 수도 있어.

©stressedteens

하나 더: 감사를 행동으로

감사하기란 감사한 일이나 경험, 사람, 장소, 자원에 대해 떠올리거나 적어 보는 것 이상의 작업이야. 이런 것들을 받아들이고 감사해하며, **그리고** 그 감사를 행동으로 옮기는 것이기도 해. 나의 안녕, 행복, 삶과 관계의 질을 향상시키는 것과 같은 모든 유익함을 수확하려면 먼저 감사하는 행동에 어느 정도 노력을 들여야 해.

자신과 다른 사람들에게 감사 표현하기를 행동으로 옮기면서 다음 질문에 대해 곰곰이 생각해 보자.

감사의 정원에 쓰거나 그린 것을 받아들이고 감사할 수 있는 방법에는 무엇이 있을까? 감사한 일들이 삶 속 현재 순간에 더 존재할 방법을 생각해 보자. 감사의 정원에 적었던 사람 중 누군가와 함께 시간을 보내는 일 같은 것들 말이야.

삶에서 네가 안전하고, 지지받고, 사랑받고 있다고 느끼게 해준 이들에게 감사를 표현할 방법으로는 무엇이 있을까? 누구에게 무엇을 감사한다고 말할지 생각해 보자.

자신에게 감사를 표현할 방법으로는 무엇이 있을까? "나는 ____한 점이 감사해"라고 네게 들려주는 것부터 시작해 볼 수 있어.

다음 공간(또는 다른 종이)에 힘든 시간 동안 내 곁에 머물러준 누군가에게 편지를 써보자. 네게 무엇을 해주었는지, 어떻게 도움이 되었는지, 어떤 느낌을 받았는지, 당시에는 어떤 의미가 있었고 지금까지도 어떤 의미가 있는지 전해 보자.

이 편지를 가지고 무엇을 할지는 너에게 달려있어. 편지는 혼자 간직하고 이걸 쓰는 경험을 통해 받은 느낌을 즐겨 볼 수 있지. 아니면 상대방에게 실제 편지를 보여주거나 소리 내어 읽어줄 수도 있어. 편지를 전하기로 선택했다면, 그 경험은 너와 상대방 모두에게 강력하고 깊은 의미를 갖게 될 거야.

만약 네가 역경이나 트라우마를 겪었다면, 삶에서 심각한 상실이나 고통, 독성 스트레스를 겪지 않은 특권을 가진 누군가보다 감사함을 느끼는 것이 배는 힘들 수 있어. 하지만 삶에서 감사함을 가꿈으로써 수확할 수 있는 보상은 강력할 테고, 역경으로부터 얻게 될 선물도 많을 거야.

마음에 새길 핵심 메시지

다른 이들에게 "고마워"라고 이야기하거나, 너 자신에게 "나는 ______한 점이 감사해"라고 들려주는 행동은 감사하기를 실천하는 좋은 시작점이라는 걸 잊지 말자.

활동 23

과거가 미래를 정하는 것은 아니다

알아두면 유용한 정보

지나가버린 일들을 어떻게 할 수는 없어. 이미 겪었거나 견뎌온 일들, 삶에서 다루어야 했던 결코 이상적이라고 할 수 없었던 일들 말이야. 그래, 이 과거가 시작점을 정하기도 하고, 너라는 사람에 대한 이야기의 **일부**이기도 해. 부정적인 것들은 더 많은 부정적인 것들을 불러오는 법이고, 과거로 인해 제약이 걸린 이야기의 시작 지점에 갇혀버리기도 쉽지. 하지만 오늘부터 다시 시작할 수 있는 기회가 있어.

우리는 자신의 과거보다, 역사보다, 고통보다, 받았던 학대보다, 트라우마보다, 불행보다 더 큰 존재야. 이런 것들이 우리 이야기의 일부일 수는 있지만, 그게 현재나 미래의 나를 규정할 필요는 없지. 자신의 과거나 가족의 과거로부터 온 패턴을 반복할 필요도 없어. 외상 후 성장에 관한 최신 연구에서는 트라우마를 견딘 사람의 절반 이상이 경험으로 인해 더욱 강건해졌다는 결과가 확인되었지. 지금이 바로 네가 무엇을 만들고, 느끼고, 하고, 가지길 **바라는지에** 초점을 맞추기 시작할 기회야. 또한 강건함과 회복탄력성으로 자신의 이야기를 확장해서 써나갈 때이기도 해.

다른 쪽 끝으로 나오기: 강건함에 관한 아름다운 이야기 시작하기

"내가 아는 가장 아름다운 이들은 시련을 알고, 고난을 알고, 상실을 알고, 그 심연으로부터 나오는 길을 찾은 사람들입니다." 이는 죽음과 상실을 대하는 수많은 말기 환자들을 돕는 데 크게 기여한 공로로 사랑과 존경을 받는 엘리자베스 퀴블러-로스 박사가 한 말인데, 참 많은 사람의 마음을 울렸어. 퀴블러-로스 박사는 죽음과 죽어감을 주제로 많은 책을 집필했고, 지금까지도 전 세계적으로 널리 쓰이고 있는 애도의 다섯 단계 모델을 제안했어. 이 단계들은 순서대로 일어나지 않을 수도 있어. 한 번에 여러 단계에 머무를 수도 있고, 심지어 어떤 단계를 넘어갔다고 생각했지만 얼마 뒤 그 단계로 되돌아가기도 해.

이 모든 건 당연하고 자연스러운 일이야. 애도하는 방법은 저마다 모두 다르니까. 애도의 다섯 단계는 다음과 같아.

1. 부정-"아니야. 나에게 그런 일이 일어날 리 없어! 사실이 아니야."
2. 분노-"왜 나야? 이건 불공평해!"
3. 타협-'좋은' 행동으로 고통을 미루거나 멈추려 시도함
4. 우울-상실에 반응할 때 일어나는 슬픔, 절망스러움을 느낌
5. 수용-이미 일어나고 있는, 또는 일어난 일이야. 이제 어떻게 하지?

죽음이나 상실을 견뎌야 했던 때를 생각해보자. 무슨 일이 일어났는지 적어 보자.

____

____

____

어떤 단계를 거쳤는지 떠올려 보자.

수용 단계에 도달했던 적이 있는가? 만약 아니라면, 수용하지 못한 게 너에게 어떤 제약이 되었을까?

비슷한 경험을 겪은 가까운 친구와 이야기하고 있다고 상상해보자. 네가 친구에게 조언과 격려를 해주는 상황이야. 이 경험을 다른 렌즈로 바라볼 수 있게 도우려면 어떤 이야기를 해줄 수 있을까? (예를 들어, 그 일은 친구가 어떤 사람인지에 대한 이야기의 **일부**이지만, 친구를 규정하지는 않는다. 그 일이 친구의 성장과 회복탄력성에 유익한 영향을 끼친 측면을 볼 수 있게 돕는다. 또는 친구가 그 일을 수용하고 통합하고 앞으로 나아가는 방법을 배우도록 돕는다.)

하나 더: 강함의 이야기로 확장하기

이제는 열다섯이 된 마야는 세 살부터 열 살 때까지 의붓아버지로부터 자신이 쓸모없

> 고, 못생겼고, 의붓아버지와 어머니의 짐이 된다는 이야기를 반복해서 들어왔다. 의붓아버지는 마야가 없다면 삶이 훨씬 편할 거라고 자주 불평했고, 마야는 아무것도 되지 못할 거라고 말하곤 했다. 그는 술에 취해서 마야를 벽으로 밀칠 때도 있었다. 그때부터 마야는 자기 자신을 어릴 때 학대받은, 쓸모없고 나약한 여자애라고 규정했고, 지금도 거울을 볼 때 못생긴 모습을 본다. 남성과 가까워지는 걸 극도로 두려워하며, 모든 남자는 안전하지 않고 공격적이라고 자신에게 말한다. 그녀는 어린 시절에 학대를 받은 과거로 현재의 자신을 규정하며 많은 방면에서 자신의 이야기를 제한해 온 것이다.

마야가 의붓아버지에게 지금까지도 얼마나 큰 힘을 부여하고 있는지 생각해 보자. 마야의 의붓아버지는 계속해서 마야의 정체성을 규정하고 있는 데다, 지금까지도 마야가 자신의 삶을 매우 제한적이고 부정적인 이야기로 만들도록 영향을 미치고 있어.

자, 이제 네가 겪었던 모든 고통과 상실, 가슴앓이, 실망과 상처를 잠시 떠올려 보자. 이런 경험들이 너 자신에게 들려주는 이야기를 어떻게 만들어 왔을지 돌이켜 보자. 그로 인해 어떤 식으로 너 자신을 힘들게 해 왔거나, 아직도 힘들게 하고 있을까? 너를 어떻게 제한하고, 판단하며, 비난하는 이야기를 하고 있을까? (예: 나는 나약해. 나는 부족해.)

____

____

____

____

____

____

만약 더욱 확장된, 강건함에 기반을 둔 이야기를 쓴다면, 너 자신에게 어떤 이야기를 대신 들려주고 싶어? (예: 난 충분히 괜찮아. 난 강해. 난 가장 좋은 걸 받은 자격이 있어. 모든 남자가 폭력적인 건 아니야. 어떤 남자는 친절하고 다정해.) 여기에 그 이야기를 적어 보자.

셀 수 없는 비극을 견디고, 그 모든 일이 있었음에도 불구하고 성장하고 발전한 훌륭한 예시로 배우 키아누 리브스를 들 수 있어. 키아누가 세 살일 때 아버지는 떠나버렸고, 유년 시절 내내 이사를 다녀서 매번 다른 학교에서 새로운 친구들과 다시 시작해야 했어. 가장 친한 친구(배우 리버 휘닉스)는 스물셋에 약물 과다복용으로 세상을 떠났지. 딸은 사산되었고, 배우자를 교통사고로 잃었어. 그는 시련이 자신을 파괴하러 나타난 것이 아니라, 숨겨진 잠재력을 깨닫도록 도와준다는, 자주 인용되곤 하는 지혜의 말을 믿는다고 해.

마음에 새길 핵심 메시지

과거는 우리 이야기의 일부이지만, 그걸로 자신을 규정할 필요는 없다. 내 이야기는 계속되고 있으며, 새로 시작하고 더욱 확장된 삶의 이야기를 만들어 갈 기회는 매 순간 존재한다. 그 이야기에는 강건함과 회복탄력성이 담길 것이다.

활동 24

내려놓기 그리고 용서하기

알아두면 유용한 정보

내려놓기란 절대 쉽지 않아. 대인관계든, 신념이든, 기대든, 고통이든, 트라우마든, 네 과거를 뒤덮고 있던 무언가에 대한 집착이나 감정을 버리긴 어려워. 하지만, 그것들을 놓아주고 누군가 또는 자신을 용서하는 것은 사실 너 자신을 위한 일이야. 네가 행복하고 만족스러운 삶을 살 수 있도록 해주거든.

자신의 안녕을 위해 내려놓기

내려놓는 건 너를 위한 거야. 너에게 상처를 준 사람과 교류해야 한다는 건 아니야. 개인적으로 내려놓을 수도 있고, 다른 사람의 참여가 요구되진 않아. 아무 일도 없었다고 자신에게 말하거나, 트라우마나 고통을 기억에서 지우거나, 네게 상처를 주었던 사람의 책임을 면제해주는 것과는 전혀 **다른** 일이지.

네가 바꿀 수 없는 걸 수용하고, 네게 영향을 끼치게 두었던 사람이나 상황에 대한 통제와 에너지를 놓아주는 개인적인 행위가 **바로** 내려놓기야. 너 자신의 힘을 되찾고, 더 나은 일을 위한 공간을 만들고, 그 에너지를 투자할 다른 무언가를 선택하는 것이지. 우리를 자유롭게 하고, 어떤 사람이나 상황이 나를 붙들게 하는 감정적이거나 물리적인 무게를 가볍게 하는 방법이야.

우리는 상처를 마음에 담아두고 반복해서 되새기는 경향이 있어. 문제는 상처를 다시 꺼낼 때마다 같은 통증을 불러올 수 있다는 거야. 마치 치유되기 시작한 감정의 흉터에 생긴 딱지를 뜯는 것처럼 말이야.

내려놓기는 독성을 갖고 있거나 나를 기운 빠지게 하는 어떤 일이나 사람에 쏟았던 부정적인 에너지로부터 자신을 자유롭게 놓아주는 거야. 또한 그 사람이나 너에게 일어난 모든 일과 연관된 두려움, 억울함, 기대에 미치지 못해서 생긴 실망을 내려놓는 것이기도 해. 말처럼 쉬운 일은 아니야. 특히 분노와 억울함을 붙들고 있다면, 충족되지 못한 기대에 아직 슬퍼하는 중이라면, 또는 그 사람이나 경험이 상당한 고통이나 두려움을 드러나게 했다면 말이야. 하룻밤 자고 일어난다고 사라질 일이 아니지. 내려놓는 게 힘들더라도 괜찮아. 붙잡고 있는 데는 이유가 있을 테고, 그 이유가 여러 가지일 때도 있지. 하지만 내려놓기 연습을 할 수 있다면 더 많은 에너지와 감정, 시간과 집중력을 풀어내어 더 건강한 곳과 더 건강한 이들에게 향하게 할 수 있을 거야.

분노, 억울함, 슬픔 같은 부정적인 감정을 불러일으키는 과거 경험을 떠올려 보고, 여기에 간단히 적어 보자.

____

____

____

____

____

지금 이 경험에 대해 생각해 보니 어떤 감정이나 느낌이 들지?

이 경험은 어떤 식으로 여전히 너를 지배하고 있거나 일상에 부정적인 영향을 끼치고 있을까?

그 일이 네게 미치는 힘과 네가 그 일에 들이는 에너지를 거둬들인다면, 무엇이 달라질까? (예를 들어, 무엇을 하고, 어떻게 사람들을 대하며, 어떤 식으로 다르게 느낄까?)

앞선 질문들에 대한 답을 종이에 적고, 그 종이를 유리병에 넣어 바다에 던져서 쓸려가게 했다고 생각해 보자. 그러고 나서 유리병이 저 멀리 사라지는 장면을 바라보고 있다고 상상해 봐. 어떤 기분이 들어?

너를 뒤덮고 있던 이 경험을 붙들지 않고 내려놓았어. 그럼 이제 네 삶과 가슴에는 무엇을 위한 공간을 만들게 될까?

____

____

____

____

____

하나 더: 용서는 앞으로 나아가는 방법이다

수상 작가이자 라이프 코치인 비로니카 투가레바(2017)는 이민자이자 성폭력 생존자로서 역경을 직접 경험한 사람이야. "트라우마로부터 빨리 치유될수록 우리는 상처 준 이들로부터 더 빨리 자유로워질 수 있다. 미워하면 붙들고 있게 된다. 치유될 수 없게 되는 것이다." 비로니카가 쓴 글이야.

용서는 내려놓기와는 별개야. 내려놓기로 선택한다고 해서 곧바로 용서한다는 건 아니야. 내려놓기와 용서하기는 쉽지 않지만, 둘 모두 과거의 통증을 치유하는 과정의 일부로써 우리가 앞으로 나아가게 하고 자신을 위한 더 나은 삶을 만들게 하지. 내려놓기와 마찬가지로, 용서하기도 잊어버리는 게 **아니야**. 용서하려는 일이나 과거에 두고 나아가려는 일이 마치 일어나지 않았던 것처럼 행동하라는 의미도 아니지. 게다가 다른 누군가를 용서한다고 해서 그 사람에게 반드시 말해주어야 하는 것도 아니야. 너 자신을 위해, 혼자서 해 볼 수도 있어.

용서의 편지

인생에서 나에게 상처를 준 사람들 중에 그 사람에 대한 원망, 원한, 두려움, 분노, 고통, 또는 실망을 아직도 붙잡고 있는 경우를 생각해 보자. 떠오르는 사람들의 이름을 여기에 적어 보자.

____

____

____

이 목록에서 어떤 이유로든 눈에 띄는 한 명을 고른 다음, 여기에 그 사람의 이름을 적어 보자.

____

고통을 지니고 다니느라 들어가는 힘, 억제력, 정신적 에너지, 노력을 놓아주는 게 도움이 될 수 있어. 마치 돌이 가득 들어있는 배낭을 짊어지고 다니는 것과 같은 일이라는 걸 기억하자. 그게 바로 자신과 다른 사람을 용서하고 내려놓아야 하는 무게야.

아래 빈 공간에 그 사람이 한 일을 용서하는 편지를 써보자. 무슨 일이 있었는지, 그때 어떻게 느꼈는지, 지금 어떻게 느끼고 있는지를 적어 보는 거야. 편지 마지막 부분에는 오늘로써 모든 것을 내려놓고 상대방을, 그리고 너 자신을 용서하기로 선택했다고 자신에게 말하는 문장이나 다짐을 적어 보자.

이 편지를 상대방에게 공유하지 않아도 된다는 걸 기억하자. 이 편지는 너를 위해, 너에게 미치고 있는 영향력과 고통을 풀어내고 너를 자유롭게 하기 위해서 쓰고 있는 거야. 원한다면 이 편지를 쓰고 난 다음 없애버려도 괜찮아.

마음에 새길 핵심 메시지

내려놓기와 용서하기는 우리 자신을 위해 우리가 하는 일이다. 우리를 자유롭게 하고, 과거로부터 드리워진 어떤 일이나 누군가가 미치는 영향력과 충족되지 못한 기대로 인한 슬픔이나 분노 같은 관련된 감정들을 풀어내고 앞으로 나아가도록 허용해 준다.

활동 25

연민으로 자신을 대하기

알아두면 유용한 정보

자기 연민이란 친한 친구나 반려동물을 대할 때와 같은 친절함을 자신에게 전하는 거야. 우리는 자기 자신에게 최악의 비평가가 될뿐더러, 어린 시절에 다른 사람들로부터 사랑스럽지 않다, 사랑과 존중을 받을 가치가 없다, 있는 그대로는 충분치 않다는 말을 들은 경험이 있다면 이런 성향은 10배 더 증폭될 수 있어. 시간이 흘러 이런 메시지를 내재화해 왔다면, 지금은 너의 모든 생각, 느낌, 행동을 끊임없이 비판하고 의심하는 잔인한 룸메이트가 네 머릿속에 살고 있을지도 몰라. 이런 내면의 비판을 잠잠하게 하려면 연습과 시간이 필요하겠지만, 자기 연민, 친절, 사랑의 목소리로 잠재울 수 있을 거야.

자기 연민: 자기 비난의 해독제

우리는 다른 사람보다 자신에게 훨씬 더 가혹할 가능성이 커. 자신의 머릿속 목소리와 그 목소리가 들려주는 내용들을 잠시 돌이켜 보자. 심하게 비난하고, 판단하며, 아니면 그저 못되게 구는 경우가 많지 않아? 내면의 비판이 네게 창피를 주고, 인지하고 있는 실패나 부족함을 판단하며, 네가 느끼고, 생각하고, 보이고, 행동하는 부분에서 잘못된 모든 점을 지적하지는 않아? 자신에게 말하는 방식 그대로 친한 친구에게 이야기할 수 있을까? 그럴 리가 없지!

네게 있어 가장 가까운 존재인 너 자신이 스스로에게 항상 못되게 굴고 자신을 파괴하면 행복해지기는 어려워. 자신에 대한 긍정적인 면을 믿기란 더더욱 어렵지. 첫 번째 단계는 내면의 비판을 인식하고 자신의 고통을 인정하는 거야. 자기 자신에게 연민을 전하려면 자신의 고통과 괴로움을 마음챙김하고, 자신의 장점과 단점, 밝은 면과 어두운 면 모두를 포용해야 해.

이 책에서 계속 배워왔듯이, 어릴 때 자신이 결함이 있고, 쓸모없고, 사랑이나 존중을 받을 자격이 없다고 듣거나 느꼈다면 자기 비난은 충분히 이해되는 자연스러운 현상이야. 최근 연구에 따르면 자신에게 연민을 잘 전하는 사람이 자기 비판적인 사람보다 삶의 어려움으로 인한 스트레스, 불안, 우울을 겪을 가능성이 더 적다고 해. 자기 비난과 판단이 자기 계발에 유용하고 심지어 필요하다고 믿었을 수도 있겠지만, 실제로는 우리가 성장하고 발전할 능력을 약화시켜. 자신을 연민으로 대하는 건 과거로부터 배우고, 자극에 덜 반응하고, 행복감을 높이고 회복탄력성을 키우는 데 훨씬 더 도움이 되는 방법이야. 자신의 이야기를 다시 쓸 기회는 내면의 비판을 인식하고, 적극적이고 의도적으로 자기 연민을 추구하면서 시작될 수 있어.

네가 원하는 것이 무엇인지, 너를 건강하게 만들고, 치유되게 하며, 마음에 영양분을 공급하는 게 무엇인지 자신에게 물어보는 것부터 시작해 보자. 그런 다음 너 자신에게 "나는 충분히 괜찮다, 내가 깊이 원하고 필요로 하는 걸 받을 자격이 있다"라고 들려주는 거야. 인간으로서 살아가는 자신을 용서하고, 실수했던 것들과 앞으로 더 성장해야 할 부분들도 용서하자. 자신에게 부드럽게 대하고, 무조건적인 친절함과 따뜻함을 주자. 너에게 필요하고 마땅히 받아야 할 것을 집에서 받고 있지 못하다고 해서 자격이 없는 건 아니란 걸 기억하길 바라. 삶 속 다른 이들(선생님, 코치님, 친구들, 연인)에게 추가로 도움을 받을 필요가 있으니 시도해 보라는 의미일지도 몰라.

하나 더: 확언으로 자기연민 연습하기

마음 한 걸음 더 돌보기

이 확언 목록을 몇 차례 읽어보는 것부터 시작해 보자. 읽으면서 가장 눈에 띄고 공감이 가는 문구에 표시하거나, 형광펜으로 칠하거나, 밑줄을 그어보는 거야. 그 확언은 가장 네 마음에 드는 문구일 수도 있고, 가장 필요한 문구일 수도 있어.

- □ 나는 나를 있는 그대로 받아들인다.
- □ 나는 충분하다.
- □ 나는 사랑과 존중을 받을 자격이 있다.
- □ 오늘 나는 나 자신을 친절하게 대할 것이다.
- □ 나에게는 강점과 약점이 있는데, 내 모습이 어떠하든 괜찮다.
- □ 나는 두려움을 강점으로 바꿀 수 있다.
- □ 나는 자기비판에서 벗어나고 있다.
- □ 나는 결점과 나의 전부를 비롯한 나 자신을 받아들이고 존중한다.
- □ 나는 실수를 하지만, 그럼에도 충분히 괜찮다.
- □ 나는 최선을 다하고 있다.
- □ 내가 느끼는 대로 느껴도 된다.
- □ 나는 보고 들을 만한 가치가 있다.
- □ 나는 나 자신을 용서한다.
- □ 다른 사람이 내 가치를 증명해 줄 필요는 없다.
- □ 어려움과 불완전함이 나를 정의하는 건 아니다.
- □ 나는 오늘 내 모습 그대로도 온전히 사랑스럽다.

□ 나는 나 자신을 사랑한다.

□ 나는 생존에는 도움이 되었지만 더 이상의 성장에 도움이 되지 않는 패턴들을 내려놓는다.

□ 나는 자기 연민을 통해 치유하고 있다.

□ 나는 나 자신에게 인내심을 가지며, 내가 최선을 다한다는 걸 알고 있다.

□ 나는 필요할 때 그것을 받지 못했던 어린 시절의 나에게 사랑과 수용을 보내고 있다.

□ 나는 충분히 괜찮다! 나는 타고난 능력과 결점을 가진 나이며, 그것에 감사하다.

이제 나만의 자기 연민 확언을 써보자. 방금 읽은 확언 중에 고를 수도 있고, 직접 만들어 볼 수도 있어. 여기에 한 번 써보자.

이 확언을 카드로 만들어서 가지고 다니며 정기적으로 읽기까지 해 보자. 매일 볼 수 있는 곳에 두어도 되고, 침대 옆 수첩이나 일기장에 넣어둘 수도 있어. 그것은 가능한 한 자주 너 자신에게 친절하고 연민을 가질 수 있게 하는 애정이 넘치고 친절한 알림이가 되어줄 거야.

마음에 새길 핵심 메시지

우리는 자기 자신에게 최악의 비평가가 되기 쉽고, 자기 비난은 시간을 지나 내재화된 다른 사람의 목소리로부터 비롯되는 경우가 많다. 자기 연민이란 내가 소중한 다른 이에게 보이는 친절함을 바로 자기 자신에게 전하는 것이다.

활동 26

나의 무리 모으기: 믿을 수 있는 사람 찾기

알아두면 유용한 정보

가능한 한 기운을 북돋아 주는 사람들과 시간을 보내기로 선택하는 게 중요해. 만약 지금 고통과 방임, 학대 같은 걸 겪고 있다면 주변에 누구를 둘지, 그리고 그들이 우리를 어떻게 대하고 우리는 그들에게 어떻게 대할지 선택할 수 있는 여유는 없을 거야. 이것에 대해 무기력하고 안전하지 않다고 느낄 수도 있지만, 너는 사랑과 지지를 주는 사람들로 구성된 '선택한 가족'을 만들 기회가 있어! 우리의 무리가 되어주는 긍정적인 친구들, 즉 기운을 북돋아 주고, 격려해주며, 동기를 불어넣어 주고, 도움을 주며, 우리를 조건 없이 사랑해 주는 사람들로 말이야. 여기서 '무리'란 비슷한 가치나 관심사를 가진 공동체나 집단을 의미해. 너를 지지해 주는 무리를 더 빨리 모을수록, 역경을 마주했을 때 더 큰 회복탄력성을 발휘할 수 있어.

핵심은 안전한 연결

이때 핵심은 연결되는 거야. 하지만 아무렇게나 연결되는 게 아니라 **안전**하게 연결되어야 해. 존경받는 트라우마 전문가인 베셀 반 데어 콜크(2014)는 다른 이들과 안전하고 신뢰할 수 있는 관계를 맺는 것의 중요성에 대해 다음과 같이 썼어. "다른 사람과 함께 있을 때 안전하다고 느끼는 것은 정신건강에서 가장 중요한 단 하나의 측면일 것이다. 안전한 관계는 의미 있고 만족스러운 삶의 기본이다." 재난 대응 연구에서도 사회적 지지는 스트레스와 트라우마에 압도당하는 것을 방지하는 가장 큰 보호 요인으로 나타났지. 사회적 지지가 있다는 단순한 사실을 가리키는 게 아니야. 안전하다고 느끼고, 상대방을 신뢰하며, 상대방이 진정으로 너를 보고 듣고 있고, 그 사람 가슴 깊은 곳에 너를 담고 있다는 느낌을 받는 걸 의미해. 이런 것들이 중요해. 단순히 사회적 지지를 받는 것 이상으로 그 지지의 질이 어떤지가 중요하다는 게 요점이야.

더 좋은 소식이 있어. 의미 있는 무리, 변화를 만들기 위한 무리의 크기가 축구팀만큼 크지 않아도 된다는 거야. 단 한 명으로 구성된 무리여도 괜찮아. 안전하고 신뢰할 수 있는 관계 하나가 모든 변화를 만들어 낼 수 있거든. 양보다는 질이야. 하지만 너를 지지해 줄 수 있는 핵심 인물이 한 명 이상인 무리 공동체를 구축한다면 금상첨화일 거야.

안전하다고 느낄 필요 이면의 과학

위협을 느끼거나 어떤 종류의 트라우마를 경험하고 나서 몸이 진정되려면 안전하다고 느낄 수 있어야 해. 트라우마는 우리에게 이제는 안전하다고 알려주는 뇌 부위인 **복측 미주신경 복합체(ventral vagal complex, VVC)**가 보내는 신호에 변화를 일으켜. 우리의 신경계가 하향 조절을 시작하면, VVC가 호흡과 심박수를 늦추라는 신호를 보내서 차분하고, 편안하고, 중심을 잡고 있다고 느낄 수 있게 되거든. 그런데 위험에 처했거나 트라우마를 입었다면 뇌의 궁극적인 응급 체계가 활성화되기 시작해. 얼어붙거나, 싸우거나, 도망치거나, 기절하거나, 비위 맞추기(13번 활동에서 나왔던 5개의 F)를 하는 동안 우리 신체는 몇 가지 방식으로 반응하게 되지. 심박수가 떨어지거나, 대사 활동이 느려지거나, 장이 비워지거나 하는 식으로 말이야.

다른 사람들과의 관계에서 안전과 신뢰, 연결을 더 많이 경험할수록, 우리는 더 성장할 수 있을 **뿐만 아니라** 우리가 안전하고, 차분하고, 연결되어 있고, 참여하고 있다는 기분을 느끼게 해주는 뇌 부위인 VVC도 더 잘 복구할 수 있어. 이게 무엇을 의미할까? 네가 안전과 신뢰가 침해받는 일을 겪더라도 그 이후에 다양한 종류의 관계를 맺을 수 있다는 거야. 동물 친구들과도 그렇게 할 수 있어! 다른 사람과 관계 맺기 어려워하는 트라우마 생존자가 우정어린 감각을 느껴보도록 강아지, 말, 돌고래와 만나보게 하기도 하거든. 안전, 상호 교류, 편안함의 경험을 회복할 필요가 있다는 게 요점이야. 지금 당장 돌고래와 함께 수영하기는 어렵더라도, 자신의 욕구와 필요를 충족하기 위해 노력해 보는 게 중요해.

안전함과 차분함을 느끼게 하는 한 사람이나 동물을 떠올려 보자. 누구이며, 어떤 사람/동물이야?

___

___

그 사람/동물의 어떤 구체적인 말이나 행동이 너를 안전하고 차분하게 느끼게 해주었어?

___

___

하나 더: 내 무리 모으기

이제 앞서 적었던 한 사람(또는 동물)을 넘어 삶 전반을 돌이켜 보자. 다양한 시기나 장소에 걸쳐 너 자신을 충분히 괜찮다, 안전하다, 안심된다, 신뢰가 간다, 편안하다, 평온하다, 강해졌다고 느끼게 해주었거나, 너를 보고, 듣고, 인정하고, 이해하고 있다고 느꼈던 모든 사람(또는 동물)을 떠올려 보자. 아래 공간에 자신의 무리를 표현해 보자. 표현에는 정답도, 오답도 없어. 그 어떤 이미지나, 상징이나, 모양이나, 말이 떠올라도 모든 게 타당하고, 그건 분명 네가 모으고 가까이 두고 싶은 무리의 중요한 부분일 거야.

내 무리와의 관계 보살피기

최소한 머릿속에서라도 너 자신의 무리를 모으기 시작했고, 무리에 포함할 사람과 존재들이 떠올랐다면, 이제는 그 관계를 풍요롭게 키울 수 있도록 보살필 때야. 실천할 수 있는 행동은 다음과 같아.

- 누군가가 나를 위해 해준 일이나 말에 감사하다고 이야기하는 시간 갖기.
- 무리 중 한 명 또는 여러 명에게 온전히 집중할 약속 잡기. 모두 즐길 수 있거나 함께 할 수 있는 활동을 준비할 수도 있음.
- 상대방이 자신에게 어떤 의미인지 이야기하거나, 상대방을 존경하거나 높게 평가하는 점 공유하기(예를 들어, 상대방이 삶에서 어려움을 다룬 방식).
- 다른 사람의 입장을 염두에 두고 사려 깊은 무언가를 하기. 예를 들어, 동물을 사랑하는 친구라면 동물 보호소에 자원봉사를 할 때 그 친구를 데려가 놀라게 해준다거나, 다양한 음식을 접하는 걸 즐기는 상대방에게는 새로운 메뉴를 요리해 주는 저녁 식사를 계획하기.

이것들은 의도를 가지고 노력해야 할 행동이자, 네 무리에 속한 이들에게 **내가 너를 보고 있고, 듣고 있고, 감사해하고 있어**라는 걸 소통하는 데 도움이 되는 아이디어야. 연구에 따르면 우리는 다른 이들을 위해 좋은 일을 할 때 더 행복해진다고 해. 게다가 이러한 선함이 상대방을 향하고, 또 상대방의 선함이 우리를 향한다면 우리는 소중하게 여기는 이들과 더 가까워질 수도 있을 거야.

대인관계를 키우기 위해 어떤 행동을 실천해 볼 수 있을까? 여기에 아이디어를 적어 보자.

마음에 새길 핵심 메시지

사회적 지지는 삶에서 일어난 역경을 다루고 극복하는 것의 핵심이 된다. 더 자세히 말하자면, 안전하고 신뢰할 수 있는 관계를 맺으면 회복탄력성이 늘어나고 건강이 나아질 수 있다. 나의 무리에는 누가 있을까?

활동 27

오늘 하루만 살기: 돌덩이 버려서 짐 덜어내기

알아두면 유용한 정보

삶은 오늘 하루만 살 수 있어. 원한다면 언제든 하루를 다시 시작할 수 있지. 처음부터 다시 시작하기 위해 내일까지 기다리지 않아도 돼. 매 순간 새롭게 시작하고 다른 걸 시도해 볼 수 있는 새로운 기회가 주어지는 거야. 예전에 어떤 일을 특정한 방식으로 했다고 해서 또 그렇게 해야 하는 건 아니야. 그리고 영원함이나 남은 삶을 생각할 필요 없이 그저 지금 이 순간만 생각해도 돼. 변화에는 시간이 걸리지만, 행동하며 점진적으로 변화를 만들어 간다면 상황이 달라지고 변화할 수 있다는 걸 알게 될 거야.

긍정 대처 기술: 역경을 다루는 건강한 방법

건강하고 안전한 대처 기술(긍정 대처 기술)에 대해 14번 활동에서 배웠었지. 우리의 기분이 도움이 되고, 스트레스를 완화하고, 문제를 다루는 데 도움이 되는 긍정 마음 알

돌덩이 버려서 짐 덜어내기
~~분노/슬픔~~
자기 존중/인내심
너무 자주 이사해서 친구 사귀는 법을 모름.
~~질투/슬픔~~
자기 수용/용서
너무 자주 이사 다님. 집이 있고 부모님이 모두 있는 친구들과 다름.
~~두려움/자기 의심~~
용기/자기 수용
아무도 나를 사랑하지 않을 거야. 난 불량품이야.
~~자기 동정/수치심~~
행동으로 옮기기/인내심
글을 잘 못 씀. 이사를 너무 자주 다녀서 제대로 못 배움.
~~욕심/부러움~~
감사/관용
다른 모든 애들이 입고 다니는 옷을 살 수 없음.
~~분노/창피함~~
안전/자기 보호
엄마와 엄마 애인이 싸워서 화가 남. 친구가 자고 가려고 우리 집에 있었는데 경찰이 출동함.
~~두려움~~
자기 보호/용기
엄마 애인이 마약을 거래함. 엄마랑 남자친구가... 체포되어 감옥에 갈까 두려움.
~~두려움~~
애도/안전
엄마 눈에 멍이 듦. 엄마는 사고였다는데, 그게 아니란 걸 알아.
~~조급함/욕심~~
자기 사랑/인내심
트라우마와 과거를 이미 극복했길 바람.
~~자기 의심~~
자기 존중/용기
난 괜찮지 않아. 난 빛 좋은 개살구야.
~~슬픔/원망~~
자기 용서/내려놓기
영원히 함께 할 줄 알았던 남자친구와 잤는데, 남자친구가 나를 떠나 전 애인한테 가버림.
~~두려움/걱정~~
자기 보호/수용
밤에 잠을 못 자겠음. 엄마가 죽을까 걱정됨.
~~원망/질투~~
관대한 행동/관용
학교에 차 타고 오는 애들, 뭐든 원하면 살 수 있는 사람들이 원망스러움.
~~부러움/탐욕~~
관대한 행동/용서
훔치다 걸림. 살 수 없는 옷을 갖고 싶었거든.
~~원망/분노~~
용기/자기 사랑
부모님이 이혼하고 서로 복수하려고 양육권 문제로 싸움.
~~질투/스스로에게 미안해함~~
애도/자기 사랑/용서
외동이라서 힘든 일을 나눌 사람이 없었음.
©stressedteens

릭이, 전략, 행동들 말이야. 이번 활동에서는 네가 가지고 있거나 사용할 수 있는 몇 가지 긍정 대처 기술에 초점을 맞추려 해.

앞선 그림에서 볼 수 있듯이, 마리는 자기 삶에 놓인 돌덩이들을 다루는 방법을 바꾸어 보았어. 돌 안에 적힌 내용들은 마리를 무겁게 짓누르는 일들로, 바뀌지 않았고 바뀔 수 없는 일들이지. 하지만 마리는 그 일을 다루는 방식은 충분히 바꿀 수 있었어. 건강에 해로운 사고방식과 행동 방식 같은 부정적 대처 행동에는 줄을 긋고, 그 대신 적용하려고 노력 중인 긍정 대처 기술을 적어두었지. 마리는 긍정 대처 기술을 완벽하게 사용할 수 있는 건 아니지만, 부정적인 사고방식과 행동 방식을 자신의 건강과 안녕에 더 도움이 되는 긍정적이고 건강하고 안전한 기술로 대체하기 위해 노력하고 있어. 이런 변화들로 인해 돌덩이가 마리의 삶과 기능에 미치는 영향이 긍정적인 쪽으로 크게 바뀌었지.

마리가 돌덩이를 다루는 새로운 방식을 한 번 살펴보자. 다음 긍정 대처 기술 목록을 보면 각 기술이 무슨 뜻인지, 누군가의 삶에서 어떤 모습으로 보일지 알 수 있을 거야.

- **자기 존중**: 자기 자신에 대한 자긍심, 자신감, 믿음
- **인내심**: 어떤 일이 늦어지고, 내가 바라거나 필요로 하는 방향대로 되지 않을 수 있다는 것을 받아들이거나 견딜 수 있는 능력
- **자기 수용**: 지금 있는 그대로 나를 받아들이고 사랑하기
- **다른 사람 용서하기(반드시 당사자와 해야 할 필요는 없음)**: 나에게 잘못한 사람에 대한 원망을 멈추고, 그 느낌이 가하던 강렬함과 무게를 덜어내기
- **용기**: 어려운 일을 하기 위한 용기. 심지어 결을 거스르더라도 나에게 옳은 일을 하기 위한 용기.
- **행동으로 옮기기**: 문제나 사안을 관리하고 해소하기 위해 점진적인 단계로 실천하기, 가능하고 안전한 경우 변화를 위해 노력하기
- **감사**: 내가 가진 것이나 나라는 사람에 대해, 또는 다른 이들이나 반려동물에게 감사를 표현하고 경험하는 방식
- **관용**: 자신과 다른 의견, 행동에 공평하고 열린 태도 취하기, 바꿀 수 없는 상황

이나 사람들과 함께하기 위해 스스로 또는 다른 사람에게 무엇이 가능한지에 관한 기대치 조정하기

- **안전**: 보호, 안심, 위협받지 않는 느낌
- **자기 보호**: 언제 어디서나 위험으로부터 자신을 보호하는 데 필요한 조치 취하기
- **애도하기**: 큰 슬픔에 잠기거나 상실을 애도하기
- **자기 사랑**: 자신을 사랑하고 감사해하며 가치 있다고 느끼기
- **관대함의 실천**: 선행을 베푸는 것 자체를 목적으로 하는 행동
- **자기 용서**: 스스로 용서하기, 용서는 가능한 과정임
- **내려놓기**: 내가 변화시킬 수 없는 것을 받아들이는 행위, 그것들이 정신적으로나 신체적으로 자신에게 미치는 강도와 붙드는 힘 줄이기
- **수용**: 누군가를 받아들이기(반드시 그 사람과 함께 해야 하는 것은 아님), 내가 바꿀 수 없는 일을 받아들이기

이 목록이 긍정 대처 기술의 전부는 아니야. 왼쪽에서 오른쪽으로 마리의 돌에 쓰인 내용을 따라가되, 중복되는 것은 포함하지 않았어.

하나 더: 짐 덜어내기

활동 14로 돌아가 그때 확인했던 돌덩이들을 참고한 다음, 계속하기에 앞서 아래 지침을 먼저 읽어보자.

우선 돌덩이 안에 담긴 내용들을 218페이지의 새 그림에다 옮기자. 이 그림은 https://kcbs.ne.kr/books에서 다운로드할 수도 있어. 더는 자신에게 돌덩이가 아닌 것이 있다면, 그건 옮기지 않아도 돼. 그리고 새로운 돌덩이가 있다면 추가해 볼 수도 있어.

이제 각 돌덩이에 대해 다음과 같이 작업해 보자.

- 이 돌덩이에 대해 아직 부정적인 대처 행동을 하고 있다면, 같은 내용을 굵은

글씨로 적어 보자.

- 부정적인 대처 행동이 아주 조금이라도 줄었다면 가느다란 글씨로 적어 보자.
- 긍정 대처 기술로 대체할 수 있는 부정적인 대처 행동(들)이 보인다면, 마리가 했던 것처럼 부정적인 대처 행동에 줄을 긋고 긍정 대처 기술을 적어 보자.

앞으로 여기에 적은 긍정 대처 기술을 최대한 많이 사용해 보자. 완벽하게 하는 게 중요한 게 아니라, 진전을 보이는 게 중요해. 부정적인 대처 행동에는 줄을 긋거나 심지어 지워버려 보자. 결국에는 가능한 한 많은 긍정 대처 기술을 남길 수 있도록 말이야.

마음에 새길 핵심 메시지

삶 속 역경을 다룰 때, 긍정 대처 기술을 사용해서 나를 짓누르는 짐들을 덜어내자.

돌덩이 버려서 짐 덜어내기
©stressedteens

활동 28

안녕함의 은행

알아두면 유용한 정보

활동 16에서 다루었듯이, '좋은 것 받아들이기'란 건강한 일을 찾아서 실천하거나 이미 하고 있는 일 중 어떤 식으로든 도움이 될 수 있는 일을 알아차리는 거야. 어떤 식으로든 긍정적이거나, 즐겁거나, 유익한 일에 참여하게 되면 마치 단맛을 음미하듯 그 일에 주목하고 주의를 기울임으로써 흡수할 수 있어. 경험에서 얻을 수 있는 유익함이나 좋은 점을 취하는 거야. '좋은 것 받아들이기'를 하면 일어나고 있는 일을 있는 그대로 즐길 수 있고, 그 순간을 내 경험을 일부로 만들 수 있지.

또한, 너 자신의 '안녕함의 은행'을 위해 지속 가능한 원천을 만드는 거야. '좋은 것 받아들이기'를 가상 저축 계좌에 저금할 수 있는 수많은 '동전' 중 하나라고 생각해 봐. 이렇게 저장해 둔 동전은 특히 도움이 가장 많이 필요한 힘든 시기에 유용하게 꺼내 쓸 수 있어.

안녕함의 은행

실제 삶에서 일어나는 급한 상황을 떠올려 보자. 급한 상황에서 돈이 필요할 때, 은행에 가서 모아둔 돈을 꺼내 쓰지. 필요한 자금을 가지고 있지 않다면 급한 상황에서 대처하기 힘들 거야. 마찬가지로 스트레스, 건강 문제, 역경, 트라우마 같이 삶에서 힘든 시간을 겪게 될 때, 꺼내 쓸 수 있는 자원이 없다면 그 시간을 극복하기 힘들 거야.

예를 들어 마음챙김을 하거나 감사하기를 연습하고 착지법을 해 보는 게 은행에 동전을 저금하는 것과 같다고 보면 돼. 이 동전을 모아두면 삶에 닥친 그 어떤 어려움도 더 잘 견디고 다룰 수 있도록 도와주는 자원으로 활용할 수 있을 거야. 안녕함의 은행에 동전을 더 많이 넣어둘수록, 스트레스나 어려움에 처할 때 꺼내 쓸 수 있는 자원을 더 많이 저장해둔 셈이지. 사용 가능한 모든 도구와 자원을 활용할 순간이야.

221페이지 그림에 안녕함의 은행에서 너 자신의 안녕에 기여할 수 있는 동전(자원)의 예들이 나와 있어.

하나 더: 모아둔 자원의 소중함

여기에는 가나다순으로 안녕함의 은행에 들어갈 동전을 나열해 두었어. 각 동전에 관한 질문에 답해 보자. 너의 안녕함의 은행을 어떻게 키워왔는지 살펴보고, 더 작업하고 싶은 영역을 생각해 보는 데 이 질문들을 활용해 볼 수 있을 거야.

감사하기: 크든 작든 무엇이 감사한지 매일 생각해 보고 있니? 감사한 일을 생각하면 그 순간 기분이 달라질 수 있어. 지금 이 순간 감사한 것 세 가지를 적어 보자.

___

___

___

좋은 경험 알아차리기
자기 사랑
용서
수용
건강하고 안전한 대처 기술
자기 존중
돌덩이 몇 개 버리기
내려놓기
긍정 신경가소성
자기 돌봄
마음챙김
자기연민
감사하기
좋은 것 받아들이기
안녕함의 은행
©stressedteens

이 과정을 거치고 나니 기분이 조금이라도 바뀌었을까?

건강하고 안전한 대처 기술: 내가 사용하고 있는 건강하고 안전한 대처 기술 다섯 가지는 무엇일까? (7번 활동에서 고른 기술들을 참고하자.)

1. ______
2. ______
3. ______
4. ______
5. ______

긍정 뇌가소성: 나의 뇌가 긍정적인 쪽으로 기울도록 훈련하기 위해 더 많이 할 수 있는 세 가지로는 무엇이 있을까? (예를 들어, 긍정적인 활동하기, 긍정적인 감정 느끼기, 나를 더 단단하게 만드는 사람들과 시간 보내기)

내려놓기: 더 건강한 장소, 사람, 활동에 투자할 수 있는 에너지와 공간을 확보하기 위해 이제 내려놓을 수 있게 되었거나 내려놓으려 노력하고 있는 일은 무엇일까?

돌덩이 몇 개 버리기: 내가 바꾸었거나 덜 사용하는 부정적인 대처 행동들은 무엇일까?

나의 삶에 들여오거나 더 많이 사용하게 된 긍정 대처 기술에는 어떤 것들이 있을까?

마음챙김: 마음챙김에 대해 생각하면 떠오르는 두 가지는? 일상에서는 마음챙김을 어떻게 활용하고 있어? (도움이 필요하다면 돌아가서 12번 활동을 참고하자.)

수용: 나의 통제 밖에 있는 일들 중 내려놓고 받아들인 것들은 무엇일까?

있는 그대로 받아들이는 데 어려움을 겪고 있는 것들은 무엇이지? (예를 들어, 내 통제 밖이어서 언짢은 일)

용서: 용서가 필요한 순간에 자기 자신을 용서하기 시작했어? 스스로 앞으로 나아가기 위해, 용서가 필요하다면, 삶 속 다른 사람들을 용서하기 시작했어? 용서는 나에게 어떤 의미일까?

자기 돌봄: 규칙적으로 실천하고 있거나, 앞으로 실천할 수 있는 자기 돌봄 활동 두 가지에는 무엇이 있을까?

자기 사랑: 나 자신을 사랑한다는 것을 나타내기 위해 실천하고 있거나 시작해 볼 수 있는 세 가지 일에는 무엇이 있을까?

자기 존중: 나 자신을 존중하는 마음을 어떻게 표현하고 있지(또는 하고 있지 않다면, 어떻게 시작해 볼 수 있을까)?

자기연민: 나 자신에게 연민을 표현하고 지금 당장 스스로에게 들려줄 수 있는 두 가지 확언에는 무엇이 있을까? (25번 활동을 살펴보자)

좋은 것 받아들이기: 어떻게 좋은 것을 받아들이며 자신의 안녕을 뒷받침할 수 있을까? 일주일에 적어도 한 번 이상 할 수 있는 구체적인 일 두 가지를 적어 보자.

좋은 경험 알아차리기: 오늘 아침에 일어나고서부터 어떤 식으로든 좋았던 경험은 무엇일까? (예를 들어 날씨가 좋아서 스웨터를 입지 않아도 됨, 교실에 안경을 챙겨오는 걸 잊어버리지 않음)

마음에 새길 핵심 메시지

자신을 위해 긍정적이고 건강한 자원을 만들 수 있는 활동이 많을수록, '은행'에 더 많은 '동전'을 넣을 수 있고 전반적인 건강과 안녕을 향상시킬 수 있다.

활동 29

스스로 자원 확보하기

알아두면 유용한 정보

이 책에서는 안녕함의 저축 계좌를 만드는 데 도움이 되는 수많은 기술, 도구, 자원으로 자신을 북돋을 수 있는 알아차림과 통찰을 제공하는 데 중점을 두고 있어. 이제 우리가 만든 안녕함의 저축 계좌는 정신건강 응급 상황을 겪고 있을 때 의지할 수 있는 자원으로 가득 차 있지. 안전이 위급할 때 안전을 지키고 유지할 수 있는 많은 기술(예: '안전한 고슴도치'에서 나열한 기술) 또한 배웠어.

스스로 자원 확보하기

스스로 자원 확보하기란 건강하고 안전한 대처 기술을 사용하고 종합적인 건강과 안녕에 도움이 되는 자기 돌봄 활동과 관련 도구를 실천하는 과정이야. 100가지 목록에 있는 것들이나, 상위 10가지 목록에 적은 것들 같은 건강하고 안전한 대처 기술을 사용하는 게 그 순간 바로 도움이 될 거야. 그런데, 이차적으로 주어지는 유익함 또한 강력하고 오래 지속돼. 나중에 얻을 수 있는 모든 '자원'에 영향을 주지. 너에게 유익한 일을 하면, 삶이 힘들어질 때 이런 자원들로부터 도움을 받을 수 있어. 만약 너 자신에게 도움이 되는 일을 규칙적으로 하고 있다면, 어려운 일일수록 더 쉽게 견뎌낼 수 있을 거야.

하나 더: 내 안녕함의 은행

다음 그림을 이용해서 너의 안녕함의 은행 계좌에 가지고 있고, 계속해서 써볼 수 있는 모든 동전을 나열해 보자(https://kcbs.ne.kr/books에서 다운로드할 수도 있음). 아이디어를 얻기 위해 활동 28에서 적은 버전을 다시 살펴보아도 좋아.

다음은 이 책에 담긴 내용 중 고려해 볼 수 있는 몇 가지 주제들이야.

- '나를 위해 존재하기: 자기 돌봄 추적 일지'에 나오는 자기 돌봄 활동
- 건강하고 안전한 대처 기술 상위 10가지
- 짐이 가벼워지도록 덜어낸 돌덩이
- 네 통제 밖에 있는, 내려놓은 일들
- 이 책을 통틀어 네게 가장 와닿았던 마음의 응급처치

마음에 새길 핵심 메시지

스스로 자원을 많이 확보해 둘수록 안녕함의 은행에 더 많은 동전을 가지게 된다. 또한, 스트레스, 역경, 트라우마를 겪는 시기 동안 더 많이 지지받을 수 있다.

안녕함의 은행
©stressedteens

활동 30

통제 가능한 일 통제하기

알아두면 유용한 정보

스트레스, 역경, 트라우마를 겪는 다른 이들처럼, 너도 두려움이나 수용에 관한 어려움을 현재 겪고 있을 수 있어.

여기서 말하는 두려움이란 정신적인 측면을 말하는 거야. 예를 들면 이 일이 어떻게 될지, 다른 사람이 어떻게 생각할지, 다른 사람이 무엇을 하거나 하지 않으면 어떻게 할지, 돈이나 안전같이 자신이 필요로 하는 무언가를 갖지 못하면 어떡할지 두려워하는 것들 말이야.

그리고 수용이란 통제할 수 있는 일과 없는 일을 구분해 받아들이는 걸 의미해. 우리는 무언가를 통제하려는 자신을 발견하곤 하지. 하지만 다른 사람이 그 일에 관여하고 있거나, 네가 변화시킬 힘이 없는 일이라면 그건 우리의 개인적 통제 밖에 있는 일이야.

통제 가능한 일을 통제하기

마음 한 걸음 더 돌보기

네가 통제할 수 있는 삶의 영역에서 주도권을 가지는 법을 배워두면 유용할 거야. 우리는 왜 바꿀 수 없는 일을 두려워하는 걸까? 왜 통제할 수 없는 사람들을 바꾸려 애쓰는 걸까? 아무리 그것들이 달라지길 바라도, 네가 변화시킬 수 있는 유일한 사람은 오직 너뿐이야. 누군가에게 변화하라고 조언을 해줄 수는 있어. 가능한 부분에는 변화를 가져오기 위해 계획을 세워볼 수도 있지. 하지만 나머지는 통제 밖의 일이야.

통제 가능한 일을 통제하기:
나의 통제 범위 안에 있는 것은?

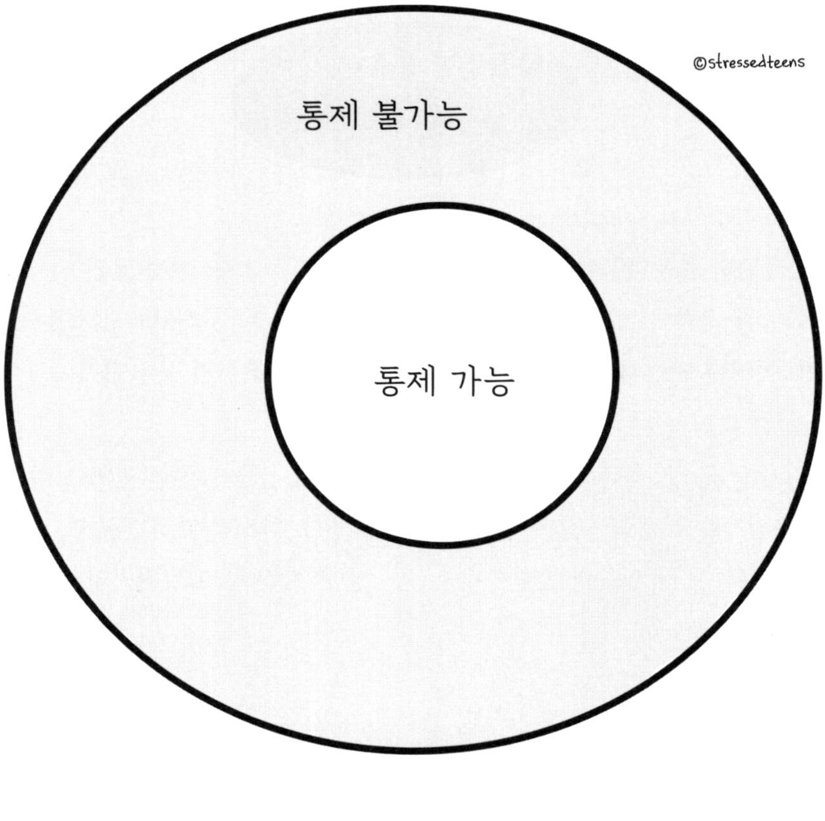

우리는 통제할 수 있는 영역에서 변화를 만들고, 행동을 취하고, 필요한 계획을 세울 수 있어. 통제할 수 없는 영역에 대해 우리가 해야 할 일은 그 일을 통제하려는 시도를 그만두는 거야. 예를 들어, 우리는 전 세계적인 전염병 대유행과 같은 더 큰 사회에서 일어나는 일이나 다른 사람을 통제할 힘을 가지고 있지 않지.

통제할 수 있는 일과 없는 일을 구분하면 삶 속 상황을 다루고, 불필요한 두려움을 줄이며, 바꿀 수 있는 일과 없는 일을 더 잘 수용하는 데 큰 도움이 될 거야.

앞 장의 그림을 보면서 너 자신에게 물어보자. **내 통제 범위 안에는 무엇이 있을까?** 잠시 시간을 내어 답을 떠올려 보는 거야. 이 책에 담긴 내용 중 아직도 불편한 내용이 무엇인지도 생각해 봐. 조금 더 깊숙이 파고 들어가 볼 영역으로는 다음과 같은 것들이 있어.

- 지속적으로 고통과 괴로움을 겪고 있는 삶의 영역
- 정서적/신체적 안전 또는 안정감에 영향을 미치는 역경
- 가족, 또래, 연인 관계와 관련된 걱정, 평화로움과 만족감을 느끼지 못하는 것
- 갇혔다고 느끼거나 내려놓기 힘든 삶의 영역
- 큰 두려움과 불확실성을 유발하는 사람 또는 사물

이 목록을 단서 삼아 너의 통제 범위 안팎의 일을 나열해서 **통제 가능한 일 통제하기** 연습을 완성해 보자. https://kcbs.ne.kr/books에서 다운로드할 수도 있어. 마음을 불편하게 하는 일이 있다면, 먼저 자신에게 이렇게 물어보자. **이 일은 내 통제 범위 안인가, 밖인가?** 통제 범위 안에 있다면 무엇을 할 수 있을까? 통제 범위 밖에 있다면 내가 염두에 두어야 할 바꿀 수 있는 부분은 무엇일까?

통제할 수 없는 일은 내려놓는 연습을 해 보자. 네가 바꿀 수 있는 일과 바꿀 수 없는 일을 받아들이도록 노력해 보는 거야. 두려움에 떨게 하는 무언가를 바꾸기 위해 행동을 취하고 계획을 세우는 걸 고려해 봐. 이 책 전체에 걸쳐 삶의 여정에서 계속 배우고 사용해 볼 수 있는 기술을 담아 두었으니까. 우리도 어렸을 때 이런 기술을 배웠다면 참 좋았을 텐데.

- 변화에 영향을 미칠 수 있는 통제 가능한 것들에서 변화를 만드는 방법
- 기대치를 조절하는 방법
- 삶에 더 많은 수용을 가져오는 방법
- 자신이 가진 두려움을 줄이는 방법

이것들 모두 정말 유용할 거야! 이 책을 마무리해야 하는 지금, 가능한 한 많은 실용적인 기술을 남겨 두고 싶어. 그래서 네가 분명 삶에서 닥칠 어떤 일에서 무엇을 해야 할지 알기를, 적어도 그 일을 헤쳐나가는 데 도움이 되는 지침이 이 책 어디에 있는지를 알기를 바라.

하나 더: 한 번에 하루씩 나아가기

이 책을 다 읽고 나서 삶이 갑자기 180도 달라지지는 않을 거야. 지금 시작한 건 자신의 삶에 대해 더 많이 알아차리고 지식을 쌓는 과정이자, 열린 마음을 가질 때 변화와 성장이 펼쳐질 수 있다는 것에 대한 이해니까. 네가 참고 견딘 역경과 트라우마가 너를 정의하는 것이 아니라는 사실을 기억하길 바라. 우리는 내게 일어난 일 자체가 아니야. 우리가 누구인지는 우리 스스로 정의하는 거야. 우리가 내리는 선택과 행동에 따라 미래는 결정되는 거야. 자신을 다정하게 대하며 변화에는 시간이 걸린다는 사실을 기억하자. 변화를 향한 점진적 단계를 밟으면서, 가능한 상황에서는 너를 옹호하고, 자기 사랑, 연민, 보살핌이 고통과 괴로움의 필수 해독제라는 사실도 기억해.

이 책을 덮으며 잠시 시간을 내어 지금 이 순간, 삶을 되돌아보자. 3개월, 또는 6개월 후에 이 책을 다시 읽게 된다면, 너에게 어떤 이야기를 들려주고 싶을까? 이 자기 발견의 여정에서 가장 중요한 깨달음이나 '아하'하는 순간으로 기억하고픈 것들은 무엇일까? 다음 공간에 적어 보자.

탐구, 알아차림, 통찰을 위해

자, 이제 달력에 표시하거나 알림을 설정해서 3개월이 지난 후 네가 적은 내용을 다시 읽어보도록 하자. 어쩌면 6개월 후에 한 번 더 읽어 볼 수도 있을 거야. 꾸준히 성장하고 변화했던 걸 떠올리고, 아직 갇혀있거나 애쓰고 있는 모든 영역을 생각해 보며 네게 가장 의미 있었던 책 부분을 살피며 되살려 볼 수도 있을 거야.

마음에 새길 핵심 메시지

스스로를 기꺼이 소중하게 여기는 만큼 나를 소중히 여겨줄 사람은 없다. 나는 소중하다. 나는 사랑스럽다. 나는 중요하다. 그렇지 않다고 말하는 사람은 내가 잘되는 것에 그다지 관심이 없는 것이다. 통제할 수 없는 일은 내려놓도록 하자. 변화할 수 있는 일과 변화할 수 없는 일을 받아들여 보자.

안전 점검하기

다음 단계를 통해 안전을 점검해 보자.

1. 지금 누구와 함께 있지? ______ 너는 안전해? ______

2. 지금 무엇을 하고 있지? ______

3. 지금 어떤 생각을 하고 있지?

4. 지금 어디 있지? ______ 너는 안전해? ______

5. 왜 이 상황에 놓이게 되었지? 너를 비난하고, 부끄럽게 만들고, 죄책감을 느끼게 하려는 건 아니지만, 가능하다면 너 자신을 같은 상황에 두지 않도록 하자. 이 이유가 너를 지금 상황으로 이끈 환경 맥락이니까.

______

______

6. 지금 몸에서 무엇을 느끼지? 자신의 몸에서 무엇이 느껴지는지 적어 보자.

______

______

7. 지금 감정적으로 무엇을 느끼지? 그 느낌들을 적어 보자.

______

______

지금 당장 도움이 필요할 때

만약 자해를 했다면 학교 상담 선생님이든, 가족이든, 친구이든 신뢰할 만한 사람에게 이야기하는 걸 고려해 보자. 만약 당장 위험에 처했다면, 119에 전화하자!

비상 연락망

- **자살 예방 전문 상담 전화** 109
- **보건복지상담센터** 129
- **정신건강위기 상담전화** 1577-0199
- **생명의 전화** 1588-9191
- **청소년상담1338**

온라인 상담	(웹채팅) www.cyber1388.kr 로그인 후 1:1채팅상담실에서 상담
카카오톡 상담	카카오톡 메신저의 카카오톡 채널에서 '청소년상담1388'을 검색하여 친구추가 후 채팅창에 메시지 보내기
페이스북 상담	페이스북 메신저앱에 '청소년상담1388'을 검색한 후 상담 내용을 작성하여 보내기
인스타그램 상담	인스타그램 메신저 검색창에 '청소년상담1388'을 검색한 후 상담 내용을 작성하여 보내기
라인 상담	라인 앱에서 '@cyber1388'(청소년상담1388) 친구추가한 후 메시지 보내기 *친구추가-친구검색-아이디 '@cyber1388' 검색하여 친구추가
문자 상담	휴대폰 수신번호에 1388을 쓰고 상담 내용 작성하여 문자 보내기

- **학교폭력·성폭력 및 성매매피해자 신고센터** (전화) 117 / (문자신고) #0117

아동 · 청소년 관련 홈페이지

- **서울해바라기아동센터** www.child1375.or.kr 또는 02-3274-1375
- **아동권리보장원** www.ncrc.or.kr 방문하여 '나할말있어요' 클릭 또는 02-6454-8500
- **한국청소년상담복지개발원** (청소년상담복지센터, 청소년 지원센터 꿈드림, 청소년쉼터, 청소년 자립지원관 지역별 안내) www.kyci.or.kr 또는 051-662-3000
- **한국청소년쉼터협의회** jikimi.or.kr 또는 02-403-9171
- **청소년근로권익센터** http://youthlabor.co.kr

가족지원 서비스

- **가족센터(한국건강가정진흥원)** www.familynet.or.kr 또는 1577-9337

정신건강 관련 홈페이지

- **대한소아청소년정신의학회** kacap.or.kr
- **교육부 학생건강정보센터** www.schoolhealth.kr
- **Wee 센터** wee.go.kr에서 '상담안내' 클릭
- **지역별 정신건강복지센터** 인터넷 검색창에서 지역명과 함께 '정신건강복지센터' 검색
- **중독관리통합지원센터** www.kaacc.co.kr에서 '지역별 센터소개' 클릭
- **한국도박문제예방치유원** www.kcgp.or.kr 또는 1336
- **한국마약퇴치운동본부** www.drugfree.or.kr 또는 02-2677-2245
- **국립 청소년 인터넷 드림마을** http://nyid.kyci.or.kr

탐구, 알아차림, 통찰을 위해

©stressedteens

참고문헌

Felitti, V. J., R. F. Anda, D. Nordenberg, D. F. Williamson, A. M. Spitz, V. Edwards, and J. S. Marks. 1998. "Relationship of Childhood Abuse and Household Dysfunction to Many of the Leading Causes of Death in Adults: The Adverse Childhood Experiences (ACE) Study." American Journal of Preventive Medicine 14(4): 245–258.

Kübler-Ross, E., and D. Kessler. 2014. On Grief and Grieving. Commemorative ed. New York: Simon & Schuster.

Levine, P. A. and A. Frederick. 1997. Waking the Tiger: Healing Trauma. Berkeley, CA: North Atlantic Books.

Porges, S. W., and D. Dana. 2018. Clinical Applications of the Polyvagal Theory: The Emergence of Polyvagal-Informed Therapies. New York: W.W. Norton & Company.

Sapolsky, R. M. 1994. Why Zebras Don't Get Ulcers: A Guide to Stress, Stress-Related Diseases, and Coping. New York: W. H. Freeman.

Tugaleva, V. 2017. The Art of Talking to Yourself. Soulux Press.

Van der Kolk, B. 2014. The Body Keeps the Score: Brain, Mind and Body in the Healing of Trauma. New York: Penguin Books.

Yerkes, R. M., and J. D. Dodson. 1908. "The Relation of Strength of Stimulus to Rapidity of Habit-Formation." Journal of Comparative Neurology and Psychology 18(5): 459–482.

| 지은이 |

지나 M. 비겔

캘리포니아에서 활동하는 심리치료자 겸 연구자로, 청소년 대상 마음챙김 기반 작업을 전문으로 하는 저자이기도 하다. 2004년 'Stressed Teens'를 설립한 이래 청소년을 위한 마음챙김에 근거한 스트레스 완화 프로그램[MBSR-T]을 청소년, 가족, 학교, 전문가, 지역사회에 제공하고 있다. 대규모 건강관리기구[HMO]의 아동청소년 정신건강의학과를 외래 방문하는 대상자 중 여러 근거 기반 실천에 만족스럽게 반응하지 않는 신체적, 심리적 증상을 호소하는 청소년들을 위해 MBSR-T를 개발하였다.

비겔은 마음챙김 기반 접근을 청소년에게 적용하는 분야의 전문가이자 선구자이다. 『청소년을 위한 트라우마 워크북Trauma and Adversity Workbook for Teens』, 『Take in the Good』, 『The Stress Reduction Card Deck for Teens』, 『자해 청소년을 위한 마음챙김 워크북The Mindfulness Workbook for Teen Self-Harm』, 『Be Mindful and Stress Less』, 『Mindfulness for Student Athletes』, 『The Stress Reduction Workbook for Teens』, 『Be Mindful』의 저자 및 공저자이며, MBSR-T 프로그램을 보완하는 마음챙김 수련 오디오 CD인 「Mindfulness for Teens」의 제작자이기도 하다. 전 세계적으로 다일제 훈련과 온라인 집중 10주 프로그램을 운영하고 있으며, 개인과 집단으로 청소년 및 그들의 가족과 작업하고 있다. 「The Today Show」, 「CNN」, 「Psychology Today」, 「로이터」, 「뉴욕타임스」, 「US News & World Report」, 「Tricycle」 등에서 비겔의 작업을 소개한 바 있다. 자세한 정보는 www.stressedteens.com을 참조하라.

스테이시 쿠퍼

역할 전환 코치이자 필라테스와 마음챙김 지도자로, 20년 동안 청소년과 초기 성인이 스스로의 강점을 찾고, 목적을 발견하고, 주요 삶의 전환기를 탐색하는 여정에 도움을 주고 있다. 2009년 페퍼다인대학교에서 임상심리학 박사 학위를 취득하였으며, 듀크대학교 학생 상담 센터에서 수련하였다.

쿠퍼는 전환기에 접어든 청소년 및 여성들과의 작업에 열정을 쏟아 왔으며, 2016년 'Aware and Thriving'을 설립한 이래 정신과 신체를 강조하는 예방 및 강점 기반 활동에 집중하고 있다. Girls Incorporated's College Bound Mentorship Program의 멘토이자 해당 프로그램에서 중학교 여학생을 대으로 하는 Eureka 여름 캠프의 기조 연자로 활동해 왔다. 지역 사회와 자택에서 그룹 및 개인 리포머 필라테스 수업을 운영하고 있다. 자세한 정보는 www.awareandthriving.com을 참조하라.

* 추천의 글을 쓴 론다 V. 마지는 마음챙김 지도자이자 마음챙김 기반 사회 정의 원칙, 개념, 실천 혁신가이다. 샌프란시스코 대학의 법학 교수로 재직 중이다.

| 옮긴이 |

나의현

정신건강의학과 전문의로 예수병원에 재직 중이다. 맥락행동과학연구회 정회원으로 마음챙김과 3동향 인지행동치료를 기반으로 한 기법을 정신건강의학과 진료실뿐만 아니라 병원학교와 다학제 통합진료 등 다양한 의료 현장에 적용하는 데 관심이 있다. 역서로 『트라우마에 민감한 마음챙김』, 『자해 청소년을 위한 마음챙김 워크북』, 『자해 청소년을 위한 DBT 워크북』, 『청소년을 위한 자기연민』, 『청소년을 위한 수용전념치료』, 『전문가를 위한 마음챙김 자기연민 가이드북』 등이 있으며 마음챙김 자기연민[MSC] 국제인증 지도자 과정 및 청소년을 위한 마음챙김 자기연민[MSC-T] 국제인증 지도자 과정, 트라우마에 민감한 마음챙김 고위과정을 수료하였다. 대한정서인지행동의학회 수련이사를 역임한 바 있으며 현재는 한국중독정신의학회 교육이사, 대한명상의학회 국제이사로 활동 중이다.

전봉희

정신건강의학과 전문의로 창원 마음과마음 정신건강의학과 의원 원장으로 있다. 국립병원에서 청소년 정신건강문제에 대해 전문적인 외래치료와 입원치료를 진행한 경험이 있고, 소아청소년 관련 진료를 전문으로 하고 있다. 학교 정신건강 서비스 개입과 부모, 교사, 상담사 교육에 많은 경험이 있다. 맥락행동과학 연구회 정회원으로 3동향 인지행동치료에 대해 공부하고 연구하며 임상에 적용 중이다. 역서로 『수용전념치료의 혁신, 매트릭스 1』, 『수용전념치료의 혁신, 매트릭스 2』, 『치료관계의 혁신, 기능분석정신치료』 등이 있다. 대한소아청소년정신의학회, 대한청소년정신의학회 정회원이며, 대한정서인지행동의학회 교육이사를 역임한 바 있으며 현재는 동학회 특임이사로 활동 중이다.

전유진

정신건강의학과 전문의로 현재 강북삼성병원 기업정신건강연구소 소속으로 직장 내 마음건강클리닉에 재직 중이다. 맥락행동과학 연구회 정회원으로 3동향 인지행동치료를 공부하고 일상과 임상에 적용하고 있으며, 역서로 『치료관계의 혁신, 기능분석정신치료』, 『자해 청소년을 위한 마음챙김 워크북』, 『임상대화의 달인되기』, 『노출치료의 혁신』이 있다.

청소년을 위한 트라우마 워크북

초판 1쇄 인쇄 2024년 8월 9일
초판 1쇄 발행 2024년 8월 16일

지은이 | 지나 M. 비겔, 스테이시 쿠퍼
옮긴이 | 나의현, 전봉희, 전유진
펴낸이 | 소정영

펴낸곳 | 도서출판 하나의학사
출판신고 | 1988년 4월 1일 제2022-000082호

주소 | 서울특별시 송파구 동남로 159, 302호(한흥빌딩)
전화 | 02-730-2555, 2556 **팩스** | 02-730-2557
이메일 | hanampc1@naver.com
홈페이지 | www.hanampc.co.kr

ISBN 979-11-91658-47-7 93180